코레일네트웍스

필기시험 모의고사

- 제 1 회 -

성명		생년월일	
시험시간	30분	문항수	25문항

〈응시 전 주의사항〉

○ 문제지 해당란과 OMR답안지에 성명과 생년월일을 정확하게 기재하십시오.

○ 기재착오, 누락 등으로 인한 불이익은 응시자 본인의 책임이니 OMR 답안지 작성에 유의하십시오.

(주)서원각

제1회 코레일네트웍스 필기시험 모의고사

1. 다음 제시된 글을 어법에 맞게 수정한 것으로 적절하지 않은 것은?

> 사회적 기업의 개념
>
> ㉠ 사회적 기업은 취약계층이 사회서비스 또는 일자리 등을 제공하여 지역주민의 삶의 질을 높이는 등의 사회적 목적을 추구한다. 동시에 재화 및 서비스의 생산 · 판매 등 영업활동을 수행하는 기업을 말한다.
>
> ㉡ 영리 기업이 이윤 추구를 목적으로 하는데 반해, 사회적 기업은 사회서비스의 제공 및 취약계층의 일자리 창출을 목적으로 하는 점에서 영리기업과 큰 차이가 있다. ㉢ 그러나 흔히 "빵을 팔기 위해 고용하는 것이 아니라, 고용하기 위해 빵을 파는 기업"이라고도 일컬어진다. ㉣ 빵에 함유되어 있는 탄수화물은 당을 급격하게 높여준다. 주요 특징으로는 취약계층에 일자리 및 사회서비스 제공 등의 사회적 목적 추구, 영업활동 수행 및 수익의 사회적 목적 재투자, 민주적인 의사결정구조 구비 등을 한다.

① ㉠ : 사회적 기업이 취약계층에게 서비스 또는 일자리 등을 제공하는 것이므로 '취약계층'의 조사를 '이→에게'로 변경한다.

② ㉡ : '영리 기업은 이윤 추구를 목적으로 하면서 취약계층의 일자리를 창출한다'로 변경해야 한다.

③ ㉢ : 앞의 문장과 이어지는 내용이므로 '그러나'를 '그래서'로 바꾼다.

④ ㉣ : 제시된 글의 내용과 상관없는 문장으로 삭제한다.

2. 다음의 빈칸에 들어갈 내용으로 가장 적절한 것은?

> ○ 연구주제 : 중 · 고등학생의 게임 몰입이 주변 사람과의 대화에 미치는 영향
>
> ○ 연구가설
>
> 〈가설 1〉 게임을 적게 할수록 부모와의 대화는 많을 것이다.
>
> 〈가설 2〉 ______(가)______
>
> ○ 자료 수집
>
> – 조사방법 : 중 · 고등학생 1,000명을 무작위 선정하여 설문조사
>
> – 조사내용 : 게임 시간 정도, 부모와의 대화 정도, 친구와 대화 정도
>
> ○ 자료 분석 결과
>
> – 자료 분석 결과 아래 표와 같고, 부모와의 대화 정도 및 친구와의 대화 정도는 게임 시간 정도에 따라 통계적으로 유의미한 차이가 있는 것으로 나타났다.

대화정도 \ 게임시간정도		많음	중간	적음
부모와 대화 많음	친구와 대화 많음	78	100	120
	친구와 대화 적음	52	70	80
부모와 대화 적음	친구와 대화 많음	172	100	60
	친구와 대화 적음	48	120	180

① 게임을 많이 할수록 친구와 게임에 관련한 내용의 대화를 나눌 것이다.

② 게임을 적게 할수록 부모와의 대화 빈도가 줄어들 것이다.

③ 게임을 적게 할수록 친구와의 대화는 많을 것이다.

④ 게임을 많이 할수록 일상 대화량이 많을 것이다.

3. **다음의 공고를 보고 신청자격을 갖추지 못한 것을 고르시오.**

〈2025년도 국가융복합단지 연계 지역기업 상용화 R&D 지원계획 공고〉

지역산업 경쟁력 강화 및 지역경제 활성화를 위해 중소벤처기업부에서 추진하고 있는「2020년도 국가융복합단지 연계 지역기업 상용화 R&D」 지원계획을 다음과 같이 공고하오니, 지역의 기업 및 기관들의 많은 참여를 바랍니다.

□ 신청자격

ㅇ 주관기관 : 사업공고일 기준 해당 시 · 도 국가혁신융복합단지에 사업장 또는 기업부설연구소를 보유 중인 중소기업*

* 일반사업장 : 부가가치세법 제6조(납세지), 같은 법 시행령 제8조(사업장)에 근거하여 '사업자등록증'의 소재지 기준으로 신청자격 판단

* 부설연구소 : W기술진흥협회의 '기업부설연구소 인증 서'의 소재지 기준(유효기간 포함)으로 신청자격 판단

ㅇ 참여기관 : 전국에 소재하는 중소기업, 대학, 연구기관, TP, 지역특화 · 혁신센터, 지자체연구소 등 공동연구 수행 가능 기관

* 대기업은 주관 · 참여기관으로 참여 불가능

* 컨소시엄의 경우, 모든 참여기관이 주관기관과 동일한 지역(광역 시 · 도)에 소재하면 가점 5점 부여(사업자등록증, 기업부설연구소 인증서 기준 판단)

ㅇ 예외사항 : 사업공고일 기준 해당 시 · 도 국가혁신융복합단지에 소재하지 않은 중소기업이 주관기관으로 신청(입주확약서 제출)할 경우, 총 수행기간 내 융복합단지에 입주하는 것이 원칙

* 총 수행기간 내 해당 지역별 국가혁신융복합단지 지번에 입주하여 사업자 등록증, 등기부등본 등을 통해 소재지를 입증하여야 함.

* 총 수행기간 내 해당 지역별 국가혁신융복합단지 미입주 시 최종평가 결과 실패(불성실수행) 판정 및 제재조치(사업비 환수 등)의 불이익이 있음.

① 주관기관으로 신청하는 甲시의 국가혁신융복합단지에 일반사업장이 위치한 중소기업

② 참여기관으로 신청하는 대기업의 지역특화 · 혁신센터

③ 주관기관으로 신청하는 W기술진흥협회의 '기업부설연구소 인증서'의 소재지가 丙시의 국가혁신융복합단지에 위치한 부설연구소

④ 주관기관으로 신청하며 총 수행기간 내에 융복합단지에 입주한 중소기업

4. **다음 글의 밑줄 친 부분의 한자표기가 옳지 않은 것은?**

헌법 제59조는 "조세의 종목과 세율은 법률로 정한다."라고 규정하여 조세 법률주의를 <u>선언</u>하고 있다. A는 국회가 <u>제정</u>한 법률이 과세 요건을 명확히 규정하고 있다면 그 목적과 내용의 정당성 여부와 상관없이 조세 법률주의에 <u>위배</u>되지 않는다고 본다. 그러나 B에 따르면 경제 활동을 더 이상 불가능하게 할 정도로 과도하게 조세를 <u>부과</u>하는 조세법은 허용되지 않는다. B는 과세 근거가 되는 법률의 목적과 내용 또한 기본권 보장이라는 헌법 이념에 부합되어야 한다고 보기 때문이다.

① 선언－宣言

② 제정－制定

③ 위배－違背

④ 부과－賦科

5. **다음은 「개인정보 보호법」과 관련한 사법 행위의 내용을 설명하는 글이다. 다음 글을 참고할 때, '공표' 조치에 대한 올바른 설명이 아닌 것은?**

> 「개인정보 보호법」 위반과 관련한 행정처분의 종류에는 처분 강도에 따라 과태료, 과징금, 시정조치, 개선권고, 징계권고, 공표 등이 있다. 이 중, 공표는 행정질서 위반이 심하여 공공에 경종을 울릴 필요가 있는 경우 명단을 공표하여 사회적 낙인을 찍히게 함으로써 경각심을 주는 제재 수단이다.
>
> 「개인정보 보호법」 위반행위가 은폐 · 조작, 과태료 1천만 원 이상, 유출 등 다음 7가지 공표기준에 해당하는 경우, 위반행위자, 위반행위 내용, 행정처분 내용 및 결과를 포함하여 개인정보 보호위원회의 심의 · 의결을 거쳐 공표한다.
>
> ※ 공표기준
> 1. 1회 과태료 부과 총 금액이 1천만 원 이상이거나 과징금 부과를 받은 경우
> 2. 유출 · 침해사고의 피해자 수가 10만 명 이상인 경우
> 3. 다른 위반행위를 은폐 · 조작하기 위하여 위반한 경우
> 4. 유출 · 침해로 재산상 손실 등 2차 피해가 발생하였거나 불법적인 매매 또는 건강 정보 등 민감 정보의 침해로 사회적 비난이 높은 경우
> 5. 위반행위 시점을 기준으로 위반 상태가 6개월 이상 지속된 경우
> 6. 행정처분 시점을 기준으로 최근 3년 내 과징금, 과태료 부과 또는 시정조치 명령을 2회 이상 받은 경우
> 7. 위반행위 관련 검사 및 자료제출 요구 등을 거부 · 방해하거나 시정조치 명령을 이행하지 않음으로써 이에 대하여 과태료 부과를 받은 경우
>
> 공표절차는 과태료 및 과징금을 최종 처분할 때 ① 대상자에게 공표 사실을 사전 통보, ② 소명자료 또는 의견 수렴 후 개인정보보호위원회 송부, ③ 개인정보보호위원회 심의 · 결, ④ 홈페이지 공표 순으로 진행된다.
>
> 공표는 행정안전부장관의 처분 권한이지만 개인정보보호위원회의 심의 · 의결을 거치게 함으로써 「개인정보 보호법」 위반자에 대한 행정청의 제재가 자의적이지 않고 공정하게 행사되도록 조절해 주는 장치를 마련하였다.

① 공표는 「개인정보 보호법」 위반에 대한 가장 무거운 행정조치이다.

② 행정안전부장관이 공표를 결정한다고 해서 반드시 최종 공표 조치가 취해져야 하는 것은 아니다.

③ 공표 조치가 내려진 대상자는 공표와 더불어 반드시 1천만 원 이상의 과태료를 납부하여야 한다.

④ 공표 조치를 받는 대상자는 사전에 이를 통보받게 된다.

6. **다음 두 사건은 별개의 사건으로 다음이 조건을 따를 때 옳은 것은?**

> 〈사건 1〉
> 가인 : 저는 빵을 훔치지 않았어요.
> 나은 : 다영이는 절대 빵을 훔치지 않았어요.
> 다영 : 제가 빵을 훔쳤습니다.
> 그런데 나중에 세 명 중 두 명은 거짓말을 했다고 자백하였고, 빵을 훔친 사람은 한 명이라는 것이 밝혀졌다.
>
> 〈사건 2〉
> 라희 : 저는 결코 창문을 깨지 않았습니다.
> 마준 : 라희의 말이 맞습니다.
> 바은 : 제가 창문을 깼습니다.
> 그런데 나중에 창문을 깬 사람은 한 명이고 그 범인은 거짓말을 했다는 것이 밝혀졌다.

① 가인이의 진술은 참이었다.

② 사건 2에서 참을 말한 사람이 1명 이상이다.

③ 마준이의 진술은 참이다.

④ 나은이는 거짓을 말하지 않았다.

7. **다음은 G팀의 해외지사 발령자 선발 방식에 대한 설명이다. 다음에 대한 설명으로 옳지 않은 것은?**

G팀은 지망자 5명(A~E) 중 한 명을 해외지사 발령자로 추천하기 위하여 각각 5회의 평가를 실시하고, 그 결과에 바탕을 둔 추첨을 하기로 했다. 평가 및 추첨 방식과 현재까지 진행된 평가 결과는 아래와 같다.

- ○ 매 회 10점 만점으로 1점 단위의 점수를 매기며, 10점을 얻은 지망자에게는 5장의 카드, 9점을 얻은 지망자에게는 2장의 카드, 8점을 얻은 지망자에게는 1장의 카드를 부여한다. 7점 이하를 얻은 지망자에게는 카드를 부여하지 않는다.
- ○ 5회차 평가 이후 각 지망자는 자신이 받은 모든 카드에 본인의 이름을 적고, 추첨함에 넣는다. 다만 5번의 평가의 총점이 40점 미만인 지망자는 본인의 카드를 추첨함에 넣지 못한다.
- ○ G팀장은 추첨함에서 한 장의 카드를 무작위로 뽑아 카드에 이름이 적힌 지망자를 G팀의 해외지사 발령자로 추천한다.

구분	1회	2회	3회	4회	5회
A	9	9	9	9	
B	8	8	7	7	
C	9	7	9	7	
D	7	7	7	7	
E	8	8	9	8	

① 5회차에서 B만 10점을 받는다면 적어도 D보다는 추천될 확률이 높다.

② C가 5회차에서 9점만 받아도 E보다 추천될 확률이 높아진다.

③ D는 5회차 평가 점수와 관계없이 추첨함에 카드를 넣지 못한다.

④ 5회차에 모두가 같은 점수를 받는다면 A가 추천될 확률이 가장 높다.

8. **△△사는 신사업 개발팀 결성을 위해 기존의 A~H팀의 예산을 줄이기로 하였다. △△사는 다음의 조건에 따라 예산을 감축하기로 하였다. 다음 중 옳지 않은 것을 고르면?**

〈조건〉

㉠ 만약 금융팀 예산을 감축하면, 총무팀의 예산은 감축되지 않는다.

㉡ 만약 관리팀 예산을 감축하면, 영업팀과 디자인팀의 예산은 감축하지 않는다.

㉢ 만약 인사팀과 디자인팀이 모두 예산을 감축하면, 기획팀의 예산도 감축된다.

㉣ 총무팀, 기획팀, 영업팀 가운데 두 팀만 예산을 감축한다.

① 만약 기획팀과 영업팀의 예산이 감축된다면 총무팀과 관리팀은 예산이 감축되지 않는다.

② 만약 관리팀의 예산이 감축되면 인사팀이나 디자인팀의 예산이 감축되지 않는다.

③ 만약 총무팀의 예산이 감축되면 금융팀의 예산은 감축되지 않는다.

④ 만약 관리팀의 예산이 감축되면 총무팀과 기획팀의 예산이 감축된다.

9. **영주는 현재 거주하고 있는 A주택의 소유자이며, 소득 인정액이 중위소득 40%에 해당한다. A주택의 노후도 평가 결과, 지붕의 수선이 필요한 주택보수비용 지원 대상에 선정되었다. 영주가 지원받을 수 있는 주택보수비용의 최대 액수는?**

○ 주택을 소유하고 해당 주택에 거주하는 가구를 대상으로 주택 노후도 평가를 실시하여 그 결과(경 · 중 · 대보수)에 따라 아래와 같이 주택보수비용을 지원

〈주택보수비용 지원 내용〉

구분	경보수	중보수	대보수
보수항목	도배 혹은 장판	수도시설 혹은 난방시설	지붕 혹은 기둥
주택당 보수비용 지원한도액	350만 원	650만 원	950만 원

○ 소득인정액에 따라 위 보수비용 지원한도액의 80~100%를 차등지원

구분	중위소득 25%미만	중위소득 25% 이상 35% 미만	중위소득 35% 이상 43% 미만
지원율	100%	90%	80%

① 520만 원
② 650만 원
③ 760만 원
④ 855만 원

10. **다음은 3C 분석을 위한 도표이다. 빈칸에 들어갈 질문으로 옳지 않은 것은?**

구분	내용
고객/시장 (Customer)	• 우리의 현재와 미래의 고객은 누구인가? • ㉠ • ㉡ • 시장의 주 고객들의 속성과 특성은 어떠한가?
경쟁사 (Competitor)	• ㉢ • 현재의 경쟁사들의 강점과 약점은 무엇인가? • ㉣
자사 (Company)	• 해당 사업이 기업의 목표와 일치하는가? • 기존 사업의 마케팅과 연결되어 시너지효과를 낼 수 있는가?

① ㉠ : 새로운 경쟁사들이 시장에 진입할 가능성은 없는가?
② ㉡ : 성장 가능성이 있는 사업인가?
③ ㉢ : 고객들은 경쟁사에 대해 어떤 이미지를 가지고 있는가?
④ ㉣ : 경쟁사의 최근 수익률 동향은 어떠한가?

11. **다음 중 '클라우드 컴퓨팅'에 대한 적절한 설명이 아닌 것은?**

① 사용자들이 복잡한 정보를 보관하기 위해 별도의 데이터 센터를 구축할 필요가 없다.

② 정보의 보관보다 정보의 처리 속도와 정확성이 관건인 네트워크 서비스이다.

③ 장소와 시간에 관계없이 다양한 단말기를 통해 정보에 접근할 수 있다.

④ 주소록, 동영상, 음원, 오피스 문서, 게임, 메일 등 다양한 콘텐츠를 대상으로 한다.

12. **다음 중 컴퓨터에서 사용되는 자료의 물리적 단위가 큰 것부터 순서대로 올바르게 나열된 것은?**

① Word – Byte – Nibble – Bit

② Byte – Word – Nibble – Bit

③ Word – Byte – Bit – Nibble

④ Word – Nibble – Byte – Bit

13. **다음 (가)~(다)의 설명에 맞는 용어가 순서대로 올바르게 짝지어진 것은?**

> (가) 유통분야에서 일반적으로 물품관리를 위해 사용된 바코드를 대체할 차세대 인식기술로 꼽히며, 판독 및 해독 기능을 하는 판독기(reader)와 정보를 제공하는 태그(tag)로 구성된다.
>
> (나) 컴퓨터 관련 기술이 생활 구석구석에 스며들어 있음을 뜻하는 '퍼베이시브 컴퓨팅(pervasive computing)'과 같은 개념이다.
>
> (다) 메신저 애플리케이션의 통화 기능 또는 별도의 데이터 통화 애플리케이션을 설치하면 통신사의 이동통신망이 아니더라도 와이파이(Wi–Fi)를 통해 단말기로 데이터 음성통화를 할 수 있으며, 이동통신망의 음성을 쓰지 않기 때문에 국외 통화 시 비용을 절감할 수 있다는 장점이 있다.

① RFID, 유비쿼터스, VoIP

② POS, 유비쿼터스, RFID

③ RFID, POS, 핫스팟

④ POS, VoIP, 핫스팟

14. 기계결함으로 LOT번호가 잘못 찍혔다. 올바르게 수정된 것은?

〈LOT번호 규칙〉

LOT 제조년월일 – 화장품라인 – 제품종류 – 완성품 수량

제조 년월일	• 2024년 12월 1일 제조→241201 • 2025년 2월 5일 제조→250205

화장품 라인	제품코드		코드명	
	1	계열사 I	A	베이비
			B	발효
			C	모이스춰
			D	안티에이징
			E	바디
			F	옴므
	2	계열사 M	G	베이비
			H	발효
			I	모이스춰
			J	안티에이징
			K	바디
			L	옴므
	3	계열사 R	M	베이비
			N	발효
			O	모이스춰
			P	안티에이징
			Q	바디
			R	옴므

제품 종류	분류코드		용량번호	
	01	스킨	001	100mL
			002	300mL
			003	500mL
	02	에센스	004	50mL
			005	100mL
			006	200mL
	03	로션	007	100mL
			008	300mL
			009	500mL
	04	크림	010	30mL
			011	50mL
			012	100mL
	05	엠플	013	3mL
			014	5mL
			015	10mL
	06	클렌징	016	50g
			017	100g
			018	150g

완성품 수량	00001부터 시작하여 완성품수량만큼 5자리의 번호가 매겨짐

〈예시〉

2024년 12월 3일에 제조된 계열사 R의 안티에이징 크림 100mL제품 51,200개의 LOT번호

LOT 241203-3P-04012-51200

2024년 7월 30일에 제조된 계열사 I의 발효 에센스 100mL 제품 76,210개

LOT 2407301I0200576210

① 제조년월일 : 240730 → 240703

② 화장품라인 : 1I → 1B

③ 제품종류 : 02005 → 02004

④ 완성품수량 : 76210 → 07621

15. 다음 그림에서 A6 셀에 수식 '=A1+$A2'를 입력한 후 다시 A6 셀을 복사하여 C6와 C8에 각각 붙여넣기를 하였을 경우, (A)와 (B)에 나타나게 되는 숫자의 합은 얼마인가?

	A	B	C
1	7	2	8
2	3	3	8
3	1	5	7
4	2	5	2
5			
6			(A)
7			
8			(B)

① 12　② 14

③ 16　④ 19

▎16~17 ▎ 다음 설명을 읽고 분석 결과에 대응하는 가장 적절한 전략을 고르시오.

SWOT분석이란 기업의 환경 분석을 통해 마케팅 전략을 수립하는 기법이다. 조직 내부 환경으로는 조직이 우위를 점할 수 있는 강점(Strength), 조직의 효과적인 성과를 방해하는 자원·기술·능력 면에서의 약점(Weakness), 조직 외부 환경으로는 조직 활동에 이점을 주는 기회(Opportunity), 조직 활동에 불이익을 미치는 위협(Threat)으로 구분된다.

※ SWOT분석에 의한 마케팅 전략

㉠ SO전략(강점-기회전략) : 시장의 기회를 활용하기 위해 강점을 사용하는 전략

㉡ ST전략(강점-위협전략) : 시장의 위협을 회피하기 위해 강점을 사용하는 전략

㉢ WO전략(약점-기회전략) : 약점을 극복함으로 시장의 기회를 활용하려는 전략

㉣ WT전략(약점-위협전략) : 시장의 위협을 회피하고 약점을 최소화하는 전략

16. 다음은 A화장품 기업의 SWOT분석이다. 가장 적절한 전략은?

강점(Strength)	• 화장품과 관련된 높은 기술력 보유 • 기초화장품 전문 브랜드라는 소비자인식과 높은 신뢰도
약점(Weakness)	• 남성전용 화장품 라인의 후발주자 • 용량 대비 높은 가격
기회(Opportunity)	• 남성들의 화장품에 대한 인식변화와 화장품 시장의 지속적인 성장 • 화장품 분야에 대한 정부의 지원
위협(Threat)	• 경쟁업체들의 남성화장품 시장 공략 • 내수경기 침체로 인한 소비심리 위축

① SO전략 : 기초화장품 기술력을 통한 경쟁적 남성 기초화장품 개발

② ST전략 : 유통비조정을 통한 제품의 가격 조정

③ WO전략 : 남성화장품 이외의 라인에 주력하여 경쟁력 강화

④ WT전략 : 정부의 지원을 통한 제품의 가격 조정

17. 다음은 여성의류 인터넷쇼핑몰의 SWOT분석이다. 가장 적절한 전략은?

강점(Strength)	• 쉽고 빠른 제품선택, 시 · 공간의 제약 없음 • 오프라인 매장이 없어 비용 절감 • 고객데이터 활용의 편리성
약점(Weakness)	• 높은 마케팅비용 • 보안 및 결제시스템의 취약점 • 낮은 진입 장벽으로 경쟁업체 난립
기회(Opportunity)	• 업체 간 업무 제휴로 상생 경영 • IT기술과 전자상거래 기술 발달
위협(Threat)	• 경기 침체의 가변성 • 잦은 개인정보유출사건으로 인한 소비자의 신뢰도 하락 • 일부 업체로의 집중화에 의한 독과점 발생

① SO전략 : 악세사리 쇼핑몰과의 제휴로 마케팅비용을 줄인다.

② ST전략 : 높은 IT기술을 이용하여 보안부문을 강화한다.

③ WO전략 : 남성의류 쇼핑몰과 제휴를 맺어 연인컨셉으로 경쟁력을 높인다.

④ WT전략 : 고객데이터를 이용하여 이벤트를 주기적으로 열어 경쟁력을 높인다.

18. 기업 조직은 추구하고자 하는 사업방향 및 상황의 변화로 인해 조직구성을 유동성 있게 변화하고 있다. 이번에 윤실이가 입사한 "(주) 영원"의 기업 조직도 마찬가지로 힘든 경영환경에 맞춰 발 빠르게 움직이고 있다. 아래의 그림은 윤실이가 입사한 조직에서 경영환경에 따른 개편된 조직을 보여주고 있다. 아래의 조직구조를 보고 윤실이의 친구들이 말한 내용 중 해당 조직구조에 대해 가장 잘못 말하고 있는 사람을 고르면?

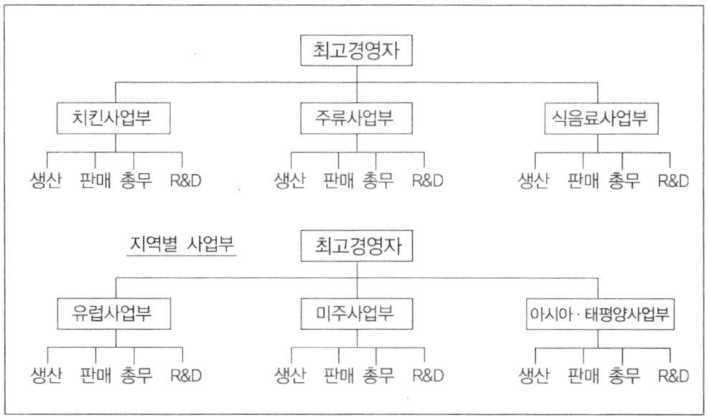

① 영숙 : 제품별 · 시장별 · 지역별로 이익중심점을 설정해서 독립채산제를 실시할 수 있는 분권적 조직을 뜻하지

② 미숙 : 고객 · 시장욕구에 대한 관심의 제고, 경쟁에 따른 단기적 성과 제고 및 목표달성에 초점을 둔 책임경영체제를 실현할 수 있다는 장점이 있어

③ 노숙 : 위 조직구조의 경우에는 해산을 전제로 하여 임시로 편성된 일시적 조직이며, 혁신적 · 비일상적인 과제의 해결을 위해 형성되는 동태적 조직이야

④ 하숙 : 하지만 위 조직의 경우에는 자원의 중복에 따른 능률 저하, 과당경쟁으로 인해 조직전체의 목표달성에 저해를 가져올 수 있어

19. 다음 중 조직목표의 특징으로 볼 수 없는 것은?

① 공식적 목표와 실제적 목표가 일치한다.

② 다수의 조직목표 추구가 가능하다.

③ 조직목표 간에 위계적 관계가 있다.

④ 조직의 구성요소와 상호관계를 가진다.

20. 조직문화의 기능에 대한 설명으로 옳지 않은 것은?

① 조직구성원에게 일체감과 정체성을 부여한다.

② 조직문화는 조직몰입을 높여준다.

③ 조직구성원들의 일탈행동이 늘어난다.

④ 조직의 안정성을 유지한다.

21. 다음 글에서와 같이, 노조와의 갈등에 있어 최 사장이 보여 준 갈등해결방법은 어느 유형에 속하는가?

> 노조위원장은 임금 인상안이 받아들여지지 않자 공장의 중간관리자급들을 동원해 전격 파업을 단행하기로 하였고, 이들은 임금 인상과 더불어 자신들에게 부당한 처우를 강요한 공장장의 교체를 요구하였다. 회사의 창립 멤버로 회사 발전에 기여가 큰 공장장을 교체한다는 것은 최 사장이 단 한 번도 상상해 본 적 없는 일인지라 오히려 최 사장에게는 임금 인상 요구가 하찮게 여겨질 정도로 무거운 문제에 봉착하게 되었다. 1시간 뒤 가진 노조 대표와의 협상 테이블에서 최 사장은 임금과 부당한 처우 관련 모든 문제는 자신에게 있으니 공장장을 볼모로 임금 인상을 요구하지는 말 것을 노조 측에 부탁하였고, 공장장 교체 요구를 철회한다면 임금 인상안을 매우 긍정적으로 검토하겠다는 약속을 하게 되었다. 또한, 노조원들의 처우 관련 개선안이나 불만사항은 자신에게 직접 요청하여 합리적인 사안의 경우 즉시 수용할 것임을 전달하기도 하였다.
>
> 결국 이러한 최 사장의 노력을 받아들인 노조는 파업을 중단하고 다시 업무에 복귀하게 되었다.

① 수용형　　② 경쟁형

③ 타협형　　④ 통합형

22. 조직 내 리더는 직원들의 의견을 적극 경청하고 필요한 지원을 아끼지 않음으로써 생산성과 기술 수준을 향상시킬 수 있어야 한다. 직원들의 자발적인 참여를 통한 조직의 성과를 달성하기 위해 리더가 보여주어야 할 동기부여의 방법에 대해 추가할 수 있는 의견으로 적절하지 않은 것은 어느 것인가?

① 목표 달성을 높이 평가하여 곧바로 보상을 한다.

② 자신의 실수나 잘못에 대한 해결책을 스스로 찾도록 분위기를 조성한다.

③ 구성원들에게 지속적인 교육과 성장의 기회를 제공한다.

④ 위험 요소가 배제된 편안하고 친숙한 환경을 유지하기 위해 노력한다.

23. **'협상'을 위하여 취하여야 할 (가)~(라)와 같은 행동들의 가장 바람직한 순서를 알맞게 나열한 것은 어느 것인가?**

> (가) 합의를 통한 결과물을 도출하여 최종 서명을 이끌어낸다.
> (나) 자신의 의견을 적극적으로 개진하여 상대방이 수용할 수 있는 근거를 제시한다.
> (다) 상대방 의견을 분석하여 무엇이 그러한 의견의 근거가 되었는지를 찾아낸다.
> (라) 상대방의 의견을 경청하고 자신의 주장을 제시한다.

① (가)－(다)－(나)－(라)

② (라)－(나)－(다)－(가)

③ (라)－(다)－(나)－(가)

④ (다)－(라)－(나)－(가)

24. **다음에서 설명하고 있는 개념의 특징으로 옳지 않은 것은?**

> 조직성원들을 신뢰하고 그들의 잠재력을 믿으며 그 잠재력의 개발을 통해 High Performance 조직이 되도록 하는 일련의 행위이다.

① 부정적인 인간관계

② 학습과 성장의 기회

③ 성과에 대한 지식

④ 상부로부터의 지원

25. **모바일 중견회사 감사 부서에서 생산 팀에서 생산성 10% 하락, 팀원들 간의 적대감이나 잦은 갈등, 비효율적인 회의 등의 문제점을 발견하였다. 이를 해결하기 위한 방안으로 가장 적절한 것을 고르시오.**

① 아이디어가 넘치는 환경 조성을 위해 많은 양의 아이디어를 요구한다.

② 어느 정도 시간이 필요하므로 갈등을 방치한다.

③ 동료의 행동과 수행에 대한 피드백을 감소시킨다.

④ 의견 불일치가 발생할 경우 생산팀장은 제3자로 개입하여 중재한다.

절 취 선

코레일네트웍스

성 명

(자 필 성 명)

생 년 월 일

⓪	⓪	⓪	⓪	⓪	⓪	⓪	⓪
①	①	①	①	①	①	①	①
②	②	②	②	②	②	②	②
③	③	③	③	③	③	③	③
④	④	④	④	④	④	④	④
⑤	⑤	⑤	⑤	⑤	⑤	⑤	⑤
⑥	⑥	⑥	⑥	⑥	⑥	⑥	⑥
⑦	⑦	⑦	⑦	⑦	⑦	⑦	⑦
⑧	⑧	⑧	⑧	⑧	⑧	⑧	⑧
⑨	⑨	⑨	⑨	⑨	⑨	⑨	⑨

1	① ② ③ ④	21	① ② ③ ④
2	① ② ③ ④	22	① ② ③ ④
3	① ② ③ ④	23	① ② ③ ④
4	① ② ③ ④	24	① ② ③ ④
5	① ② ③ ④	25	① ② ③ ④
6	① ② ③ ④		
7	① ② ③ ④		
8	① ② ③ ④		
9	① ② ③ ④		
10	① ② ③ ④		
11	① ② ③ ④		
12	① ② ③ ④		
13	① ② ③ ④		
14	① ② ③ ④		
15	① ② ③ ④		
16	① ② ③ ④		
17	① ② ③ ④		
18	① ② ③ ④		
19	① ② ③ ④		
20	① ② ③ ④		

SEOWONGAK
(주)서원각

코레일네트웍스

필기시험 모의고사

- 제 2 회 -

성명		생년월일	
시험시간	30분	문항수	25문항

〈응시 전 주의사항〉

○ 문제지 해당란과 OMR답안지에 성명과 생년월일을 정확하게 기재하십시오.

○ 기재착오, 누락 등으로 인한 불이익은 응시자 본인의 책임이니 OMR 답안지 작성에 유의하십시오.

(주)서원각

제2회 코레일네트웍스 필기시험 모의고사

1. 다음은 '전교생을 대상으로 무료급식을 시행해야 하는가?' 라는 주제로 철수와 영수가 토론을 하고 있다. 보기 중 옳지 않은 것은?

> 철수 : 무료급식은 급식비를 낼 형편이 없는 학생들을 위해서 마련되어야 하는데 지금 대부분의 학교에서는 이 아이들뿐만 아니라 형편이 넉넉한 아이들까지도 모두 대상으로 삼고 있으니 이는 문제가 있다고 봐.
>
> 영수 : 하지만 누구는 무료로 급식을 먹고 누구는 돈을 내고 급식을 먹는다면 이는 형평성에 어긋난다고 생각해. 그래서 난 이왕 무료급식을 할 거라면 전교생에게 동등하게 그 혜택이 돌아가야 한다고 봐.
>
> 철수 : 음… 돈이 없는 사람은 무료로 급식을 먹고 돈이 있는 사람은 돈을 내고 급식을 먹는 것이 과연 형평성에 어긋난다고 할 수 있을까? 형평성이란 국어사전을 찾아보면 형평을 이루는 성질을 말하잖아. 여기서 형평이란 균형이 맞음. 또는 그런 상태를 말하는 것이고. 그러니까 형평이란 다시 말하면…
>
> 영수 : 아, 그래 네가 무슨 말을 하려고 하는지 알겠어. 그런데 나는 어차피 무료급식을 할 거라면 전교생이 다 같이 무료급식을 했으면 좋겠다는 거야. 그래야 서로 불화도 생기지 않으니까. 그리고 누구는 무료로 먹고 누구는 돈을 내고 먹을 거라면 난 차라리 무료급식을 안 하는 것이 낫다고 생각해.

① 위 토론에서 철수는 주제에서 벗어난 말을 하고 있다.

② 영수는 상대방의 말을 자르고 자기주장만을 말하고 있다.

③ 영수는 자신의 주장이 뚜렷하지 않다.

④ 위 토론의 주제는 애매모호하므로 주제를 수정해야 한다.

2. 다음은 사내홍보물에 사용하기 위한 인터뷰 내용이다. ㉠~㉣에 대한 설명으로 적절하지 않은 것을 고르면?

> 甲 : 안녕하세요. 저번에 인사드렸던 홍보팀 대리 甲입니다. 바쁘신 데도 이렇게 인터뷰에 응해주셔서 감사합니다. ㉠ 이번 호 사내 홍보물 기사에 참고하려고 하는데 혹시 녹음을 해도 괜찮을까요?
> 乙 : 네, 그렇게 하세요.
> 甲 : 그럼 ㉡ 우선 사랑의 도시락 배달이란 무엇이고 어떤 목적을 갖고 있는지 간단히 말씀해 주시겠어요?
> 乙 : 사랑의 도시락 배달은 끼니를 챙겨 드시기 어려운 독거노인분들을 찾아가 사랑의 도시락을 전달하는 일이에요. 이 활동은 회사 이미지를 홍보하는 데 기여할 뿐만 아니라 개인적으로는 마음 따뜻해지는 보람을 느끼게 된답니다.
> 甲 : 그렇군요. ㉢ 한 번 봉사를 할 때에는 하루에 몇 십 가구를 방문하신다고 들었는데요, 어떻게 그렇게 많은 가구들을 다 방문할 수가 있나요?
> 乙 : 아, 비결이 있다면 역할을 분담한다는 거예요.
> 甲 : 어떻게 역할을 나누나요?
> 乙 : 도시락을 포장하는 일, 배달하는 일, 말동무 해드리는 일 등을 팀별로 분담해서 맡으니 효율적으로 운영할 수 있어요.
> 甲 : ㉣ (고개를 끄덕이며) 그런 방법이 있었군요. 마지막으로 이런 봉사활동에 관심 있는 사원들에게 한 마디 해주세요.
> 乙 : ㉤ 주중 내내 일을 하고 주말에 또 봉사활동을 가려고 하면 몸은 굉장히 피곤합니다. 하지만 거기에서 오는 보람은 잠깐의 휴식과 비교할 수 없으니 꼭 한번 참석해 보시라고 말씀드리고 싶네요.
> 甲 : 네, 그렇군요. 오늘 귀중한 시간을 내어 주셔서 감사합니다.

① ㉠ : 기록을 위한 보조기구를 사용하기 위해서 사전에 허락을 구하고 있다.
② ㉡ : 면담의 목적을 분명히 밝히면서 동의를 구하고 있다.
③ ㉢ : 미리 알고 있던 정보를 바탕으로 질문을 하고 있다.
④ ㉣ : 적절한 비언어적 표현을 사용하며 상대방의 말에 반응하고 있다.

3. 다음 글은 합리적 의사결정을 위해 필요한 절차적 조건 중의 하나에 관한 설명이다. 다음 보기 중 이 조건을 위배한 것끼리 묶은 것은?

> 합리적 의사결정을 위해서는 정해진 절차를 충실히 따르는 것이 필요하다. 고도로 복잡하고 불확실하나 문제상황 속에서 결정의 절차가 합리적이기 위해서는 다음과 같은 조건이 충족되어야 한다.
>
> 〈조건〉
>
> 정책결정 절차에서 논의되었던 모든 내용이 결정절차에 참여하지 않은 다른 사람들에게 투명하게 공개되어야 한다. 그렇지 않으면 이성적 토론이 무력해지고 객관적 증거나 논리 대신 강압이나 회유 등의 방법으로 결론이 도출되기 쉽기 때문이다.

> 〈보기〉
>
> ㉠ 심의에 참여한 분들의 프라이버시 보호를 위해 오늘 회의의 결론만 간략히 알려드리겠습니다.
> ㉡ 시간이 촉박하니 회의 참석자 중에서 부장급 이상만 발언하도록 합시다.
> ㉢ 오늘 논의하는 안건은 매우 민감한 사안이니만큼 비참석자에게는 그 내용을 알리지 않을 것입니다. 그러니 회의 자료 및 메모한 내용도 두고 가시기 바랍니다.
> ㉣ 우리가 외부에 자문을 구한 박사님은 이 분야의 최고 전문가이기 때문에 참석자 간의 별도 토론 없이 박사님의 의견을 그대로 채택하도록 합시다.
> ㉤ 오늘 안건은 매우 첨예한 이해관계가 걸려 있으니 상대방에 대한 반론은 자제해주시고 자신의 주장만 말씀해주시기 바랍니다.

① ㉠, ㉡　　② ㉠, ㉢
③ ㉢, ㉣　　④ ㉢, ㉤

4. **다음 대화 중 밑줄 친 단어가 한자로 바르게 표기된 것을 고르면?**

> 공급업체 : 과장님, 이번 달 인쇄용지 주문량이 급격히 ㉠ 감소하여 이렇게 방문하였습니다. 혹시 저희 물품에 어떠한 문제가 있는 건가요?
>
> 총무과장 : 지난 10년간 ㉡ 납품해 주고 계신 것에 저희는 정말 만족하고 있습니다. 하지만 요즘 경기가 안 좋아서 비용절감차원에서 주문량을 줄이게 되었습니다.
>
> 공급업체 : 아, 그렇군요. 얼마 전 다른 업체에서도 ㉢ 견적 받으신 것을 우연히 알게 되어서요, 괜찮으시다면 어떠한 점 때문에 견적을 받아보신지 알 수 있을까요? 저희도 참고하려 하니 말씀해주시면 감사하겠습니다.
>
> 총무과장 : 아, 그러셨군요. 사실 내부 회의 결과, 인쇄용지의 ㉣ 지출이 너무 높다는 지적이 나왔습니다. 품질은 우수하지만 가격적인 면 때문에 그러한 ㉤ 결정을 하게 되었습니다.

① ㉠ – 減小(감소)

② ㉡ – 納稟(납품)

③ ㉢ – 見積(견적)

④ ㉣ – 持出(지출)

5. **다음은 20××년 연말 우수사원 시상식에서 최우수 사원을 받은 장그래씨의 감사 인사말이다. 밑줄 친 단어 중 잘못 고쳐 쓴 것을 고르면?**

> 사실 입사 후 저는 실수투성이로 아무 것도 모르는 풋나기였습니다. 그런 제가 최우수 사원에 선정되어 상을 받을 수 있게 된 것은 오차장님을 비롯한 영업3팀의 여러 선배님들 탓이라고 생각합니다. 어색하게 있던 제게 친근히 말을 부쳐주시던 김대리님, 묵묵이 지켜봐주셨던 천과장님, 그리고 그밖에 도움을 주셨던 영업팀 팀원들에게 이 자리를 빌려서 감사의 말씀 드리고 싶습니다.

① 풋나기 → 풋내기

② 탓 → 덕분

③ 부쳐 → 붙여

④ 빌려서 → 빌어서

6. M사의 총무팀에서는 A 부장, B 차장, C 과장, D 대리, E 대리, F 사원이 각각 매 주말마다 한 명씩 사회봉사활동에 참여하기로 하였다. 이들이 다음 〈보기〉에 따라 사회봉사활동에 참여할 경우, 두 번째 주말에 참여할 수 있는 사람으로 짝지어진 것은 어느 것인가?

〈보기〉

1. B 차장은 A 부장보다 먼저 봉사활동에 참여한다.
2. C 과장은 D 대리보다 먼저 봉사활동에 참여한다.
3. B 차장은 첫 번째 주 또는 세 번째 주에 봉사활동에 참여한다.
4. E 대리는 C 과장보다 먼저 봉사활동에 참여하며, E 대리와 C 과장이 참여하는 주말 사이에는 두 번의 주말이 있다.

① A 부장, B 차장

② D 대리, E 대리

③ E 대리, F 사원

④ B 차장, C 과장, D 대리

7. 甲회사 인사부에 근무하고 있는 H부장은 각 과의 요구를 모두 충족시켜 신규직원을 배치하여야 한다. 각 과의 요구가 다음과 같을 때 홍보과에 배정되는 사람은 누구인가?

〈신규직원 배치에 대한 각 과의 요구〉

- 관리과 : 5급이 1명 배정되어야 한다.
- 홍보과 : 5급이 1명 배정되거나 6급이 2명 배정되어야 한다.
- 재무과 : B가 배정되거나 A와 E가 배정되어야 한다.
- 총무과 : C와 D가 배정되어야 한다.

〈신규직원〉

- 5급 2명(A, B)
- 6급 4명(C, D, E, F)

① A　② B

③ C와 D　④ E와 F

▌8~9▐ 다음은 OO협회에서 주관한 학술세미나 일정에 관한 것으로 다음 세미나를 준비하는 데 필요한 일, 각각의 일에 걸리는 시간, 일의 순서 관계를 나타낸 표이다. 제시된 표를 바탕으로 물음에 답하시오. (단, 모든 작업은 동시에 진행할 수 없다)

▣ 세미나 준비 현황

구분	작업	작업시간 (일)	먼저 행해져야 할 작업
가	세미나 장소 세팅	1	바
나	현수막 제작	2	다, 마
다	세미나 발표자 선정	1	라
라	세미나 기본계획 수립	2	없음
마	세미나 장소 선정	3	라
바	초청자 확인	2	라

8. 현수막 제작을 시작하기 위해서는 최소 며칠이 필요하겠는가?

① 3일 ② 4일
③ 5일 ④ 6일

9. 세미나 기본계획 수립에서 세미나 장소 세팅까지 모든 작업을 마치는 데 필요한 시간은?

① 10일 ② 11일
③ 12일 ④ 13일

10. ○○정유회사에 근무하는 N씨는 상사로부터 다음과 같은 지시를 받았다. 다음 중 N씨가 표를 구성할 방식으로 가장 적절한 것은?

상사 : 이 자료를 간단하게 표로 작성해 줘. 다른 부분은 필요 없고, 어제 원유의 종류에 따라 전일 대비 각각 얼마씩 오르고 내렸는지 그 내용만 있으면 돼. 우리나라는 전국 단위만 표시하도록 하고, 한눈에 자료의 내용이 들어올 수 있도록, 알겠지?

자료

주요 국제유가는 중국의 경제성장률이 시장 전망치와 큰 차이를 보이지 않으면서 사흘째 올랐다. 우리나라 유가는 하락세를 지속했으나, 다음 주에는 상승세로 전환될 전망이다.

한국석유공사는 오늘(14일) 석유정보망(http://www.petronet.co.kr/)을 통해 13일 미국 뉴욕상업거래소에서 8월 인도분 서부텍사스산 원유(WTI)는 배럴당 87.10달러로 전날보다 1.02달러 오르면서 장을 마쳤다며 이같이 밝혔다. 또한 영국 런던 ICE선물시장에서 북해산 브렌트유도 배럴당 102.80달러로 전날보다 1.73달러 상승세로 장을 마감했다.

이는 중국의 지난 2 · 4분기 국내총생산(GDP)이 작년 동기 대비 7.6% 성장, 전분기(8.1%)보다 낮아졌으며 시장 전망을 벗어나지 않으면서 유가 상승세를 이끌었다고 공사 측은 분석했다. 이로 인해 중국 정부가 추가 경기 부양에 나설 것이라는 전망도 유가 상승에 힘을 보탰다.

13일 전국 주유소의 리터(ℓ)당 평균 휘발유가격은 1천892.14원, 경유가격은 1천718.72원으로 전날보다 각각 0.20원, 0.28원 떨어졌다. 이를 지역별로 보면 휘발유가격은 현재 전날보다 소폭 오른 경기 · 광주 · 대구를 제외하고 서울(1천970.78원, 0.02원↓) 등 나머지 지역에서는 인하됐다.

한편, 공사는 내주(15일~21일) 전국 평균 휘발유가격을 1천897원, 경유가격을 1천724원으로 예고, 이번 주 평균가격보다 각각 3원, 5원 오를 전망이다.

①

원유 종류	13일 가격	전일 대비
WTI	87.10 (달러/배럴)	▲ 1.02
북해산 브렌트유	102.80 (달러/배럴)	▲ 1.73
전국 휘발유	1892.14 (원/리터)	▼ 0.20
전국 경유	1718.72 (원/리터)	▼ 0.28

②

원유 종류	13일 가격	자료출처
WTI	87.10 (달러/배럴)	석유정보망 (http://www.petronet.co.kr/)
북해산 브렌트유	102.80 (달러/배럴)	
전국 휘발유	1892.14 (원/리터)	
전국 경유	1718.72 (원/리터)	

③

원유 종류	13일 가격	등락 폭
전국 휘발유	1892.14 (원/리터)	0.20 하락
서울 휘발유	1970.78 (원/리터)	0.02 하락
경기 · 광주 · 대구 휘발유	1718.12 (원/리터)	0.28 상승

④

원유 종류	내주 예상 가격	금주 대비	자료출처
전국 휘발유	1897 (원/리터)	▲ 3.0	한국석유공사
전국 경유	1724 (원/리터)	▲ 5.0	

11. 다음 매크로 실행 및 보안에 대한 설명 중 옳지 않은 것은?

① Alt+F1 키를 누르면 Visual Basic Editor가 실행되며, 매크로를 수정할 수 있다.

② Alt+F8 키를 누르면 매크로 대화 상자가 표시되어 매크로 목록에서 매크로를 선택하여 실행할 수 있다.

③ 매크로 보안 설정 사항으로는 모든 매크로 제외(알림 표시 없음), 모든 매크로 제외(알림 표시), 디지털 서명된 매크로만 포함, 모든 매크로 포함(알림 표시) 등이 모두 권장된다.

④ 개발 도구 – 코드 그룹의 매크로를 클릭하거나 매크로를 기록할 때 지정한 바로가기 키를 눌러 매크로를 실행할 수 있다.

12. 다음에서 설명하고 있는 웹브라우저는?

> 2014년 11월 출시 10주년을 맞이한 이 웹브라우저는 개인정보보호의 중요성을 강조하며 검색 업체나 광고업체가 웹사이트 추적을 중지하도록 요청하는 DNT 기능 및 개인 정보를 손쉽게 지울 수 있는 FORGET이란 기능을 제공하고 있다.

① 크롬　　② 구글
③ 파이어폭스　　④ 사파리

13. 다음 중 엑셀에서 날짜 데이터의 입력 방법을 설명한 것으로 옳지 않은 것은?

① 날짜 데이터는 하이픈(–)이나 슬래시(/)를 이용하여 년, 월, 일을 구분한다.

② 날짜의 연도를 생략하고 월과 일만 입력하면 자동으로 올해의 연도가 추가되어 입력된다.

③ 날짜의 연도를 두 자리로 입력할 때 연도가 30이상이면 1900년대로 인식하고, 29이하면 2000년대로 인식한다.

④ 오늘의 날짜를 입력하고 싶으면 Ctrl+Shift+;(세미콜론) 키를 누르면 된다.

14. 정보 분석에 대한 설명으로 옳지 않은 것은?

① 여러 정보를 상호 관련지어 새로운 정보를 생성해내는 활동을 정보분석이라 한다.

② 정보를 분석함으로써 한 개의 정보로써 불분명한 사항을 다른 정보로써 명백히 할 수 있다.

③ 서로 동일하거나 차이가 없는 정보의 내용을 판단하여 새로운 해석을 할 수 있다.

④ 좋은 분석이란 하나의 메커니즘을 그려낼 수 있고, 동향, 미래를 예측할 수 있는 것이어야 한다.

15. 다음 자료를 참고할 때, B7 셀에 '=SUM(B2:CHOOSE(2,B3,B4,B5))'의 수식을 입력했을 때 표시되는 결과값으로 올바른 것은?

	A	B
1	성명	성과점수
2	오 과장	85
3	민 대리	90
4	백 사원	92
5	최 대리	88
6		
7	부분합계	

① 175

② 355

③ 267

④ 177

16. 다음은 업무수행의 방해요인들을 관리하는 방법이다. 옳지 않은 것은?

① 메신저는 시간을 정해 놓고 정해진 시간에만 접속한다.
② 갈등이 생겼을 경우 갈등상황을 받아들이고 객관적으로 평가한다.
③ 스트레스 관리를 위해 시관 관리를 통해 업무과중을 극복한다.
④ 받은 메일에는 즉각적으로 대답한다.

17. 이문화 커뮤니케이션에 대한 설명으로 옳지 않은 것은?

① 서로 상이한 문화 간 커뮤니케이션을 말한다.
② 국제 커뮤니케이션과 동일한 의미이다.
③ 언어적 커뮤니케이션과 비언어적 커뮤니케이션으로 구분된다.
④ 언어적 커뮤니케이션은 외국어 사용능력과 직결된다.

18. 국제매너와 관련된 설명 중 옳은 것은?

① 미국사람과 인사할 때에는 눈이나 얼굴을 보는 것이 좋다.
② 미국사람과 악수를 할 때는 왼손으로 상대방의 왼손을 힘주어서 잡았다가 놓아야 한다.
③ 러시아와 라틴아메리카 사람들은 친밀함의 표시로 포옹을 하는 것은 실례이다.
④ 동부 유럽 사람들은 약속시간을 매우 중요하게 생각한다.

19. 조직문화는 흔히 관계지향 문화, 혁신지향 문화, 위계지향 문화, 과업지향 문화의 네 가지로 분류된다. 다음 글에서 제시된 (가)~(라)와 같은 특징 중 과업지향 문화에 해당하는 것은 어느 것인가?

> (가) A팀은 무엇보다 엄격한 통제를 통한 결속과 안정성을 추구하는 분위기이다. 분명한 명령계통으로 조직의 통합을 이루는 일을 제일의 가치로 삼는다.
> (나) B팀은 업무 수행의 효율성을 강조하며 목표 달성과 생산성 향상을 위해 전 조직원이 산출물 극대화를 위해 노력하는 문화가 조성되어 있다.
> (다) C팀은 자율성과 개인의 책임을 강조한다. 고유 업무뿐 아니라 근태, 잔업, 퇴근 후 시간활용 등에 있어서도 정해진 흐름을 배제하고 개인의 자율과 그에 따른 책임을 강조한다.
> (라) D팀은 직원들 간의 응집력과 사기 진작을 위한 방안을 모색 중이다. 인적자원의 가치를 개발하기 위해 직원들 간의 관계에 초점을 둔 조직문화가 D팀의 특징이다.

① (가) ② (나)
③ (다) ④ (라)

20. 조직문화의 중요성에 대한 내용으로 옳지 않은 것은?

① 조직문화는 기업의 전략수행에 영향을 미친다.
② 조직구성원을 사회화하는 데 영향을 미친다.
③ 신기술을 도입하거나 통합하는 경우에 영향을 미친다.
④ 조직 내 집단 간 갈등에 영향을 미치지 않는다.

21. **다음 중 거만형 불만고객에 대한 대응방안으로 옳은 것은?**

① 때로는 책임자로 하여금 응대하게 하는 것도 좋다.

② 의외로 단순한 면이 있으므로 일단 호감을 얻게 되면 득이 될 경우도 있다.

③ 잠자코 고객의 의견을 경청하고 사과를 하는 응대가 바람직하다.

④ 분명한 증거나 근거를 제시하여 스스로 확신을 갖도록 유도한다.

22. **다음 중 고객만족을 측정하는데 있어 많은 사람들이 범하는 오류의 유형으로 옳지 않은 것은?**

① 적절한 측정 프로세스 없이 조사를 시작한다.

② 고객이 원하는 것을 알고 있다고 생각한다.

③ 모든 고객들이 동일한 수준의 서비스를 원하고 필요로 한다고 가정한다.

④ 전문가로부터 도움을 얻는다.

23. **다음 중 높은 성과를 내는 임파워먼트 환경의 특징으로 옳지 않은 것은?**

① 도전적이고 흥미 있는 일

② 성과에 대한 압박

③ 학습과 성장의 기회

④ 상부로부터의 지원

24. **다음 중 실무형 멤버십의 설명으로 옳지 않은 것은?**

① 조직의 운영방침에 민감하다.

② 획일적인 태도나 행동에 익숙함을 느낀다.

③ 개인의 이익을 극대화하기 위해 흥정에 능하다.

④ 리더와 부하 간의 비인간적인 풍토를 느낀다.

25. **기업 인사팀에서 근무하면서 2020 상반기 신입사원 워크숍 교육 자료를 만들게 되었다. 워크숍 교육 자료에서 팀워크 활성 방안으로 적절하지 않은 것을 고르시오.**

① 아이디어의 질을 따지기보다 아이디어를 제안하도록 장려한다.

② 양질 의사결정을 내리기 위해 단편적 질문을 고려한다.

③ 의사결정을 내릴 때는 팀원들의 의견을 듣는다.

④ 각종 정보와 정보의 소스를 획득할 수 있다.

절 취 선

코레일네트웍스

성 명

(자 필 성 명)

생 년 월 일

⓪	⓪	⓪	⓪	⓪	⓪	⓪	⓪
①	①	①	①	①	①	①	①
②	②	②	②	②	②	②	②
③	③	③	③	③	③	③	③
④	④	④	④	④	④	④	④
⑤	⑤	⑤	⑤	⑤	⑤	⑤	⑤
⑥	⑥	⑥	⑥	⑥	⑥	⑥	⑥
⑦	⑦	⑦	⑦	⑦	⑦	⑦	⑦
⑧	⑧	⑧	⑧	⑧	⑧	⑧	⑧
⑨	⑨	⑨	⑨	⑨	⑨	⑨	⑨

1	① ② ③ ④	21	① ② ③ ④
2	① ② ③ ④	22	① ② ③ ④
3	① ② ③ ④	23	① ② ③ ④
4	① ② ③ ④	24	① ② ③ ④
5	① ② ③ ④	25	① ② ③ ④
6	① ② ③ ④		
7	① ② ③ ④		
8	① ② ③ ④		
9	① ② ③ ④		
10	① ② ③ ④		
11	① ② ③ ④		
12	① ② ③ ④		
13	① ② ③ ④		
14	① ② ③ ④		
15	① ② ③ ④		
16	① ② ③ ④		
17	① ② ③ ④		
18	① ② ③ ④		
19	① ② ③ ④		
20	① ② ③ ④		

SEOWONGAK
(주)서원각

코레일네트웍스

필기시험 모의고사

- 제 3 회 -

성명		생년월일	
시험시간	30분	문항수	25문항

〈응시 전 주의사항〉

○ 문제지 해당란과 OMR답안지에 성명과 생년월일을 정확하게 기재하십시오.

○ 기재착오, 누락 등으로 인한 불이익은 응시자 본인의 책임이니 OMR 답안지 작성에 유의하십시오.

(주)서원각

제3회 코레일네트웍스 필기시험 모의고사

1. 다음 공고를 보고 잘못 이해한 것을 고르면?

〈신입사원 정규채용 공고〉

분야	인원	응시자격	연령	비고
콘텐츠 기획	5	• 해당분야 유경험자(3년 이상) • 외국어 사이트 운영 경력자 우대 • 외국어(영어/일어) 전공자	제한 없음	정규직
제휴 마케팅	3	• 해당분야 유경험자(5년 이상) • 웹 프로모션 경력자 우대 • 콘텐츠산업(온라인) 지식 보유자	제한 없음	정규직
웹디자인	2	• 응시제한 없음 • 웹디자인 유경험자 우대	제한 없음	정규직

■ 입사지원서 및 기타 구비서류

(1) 접수방법
- 인터넷(www.seowon.co.kr)을 통해서만 접수(우편 이용 또는 방문접수 불가)
- 채용분야별 복수지원 불가

(2) 입사지원서 접수 시 유의사항
- 입사지원서는 인터넷 접수만 가능함
- 접수 마감일에는 지원자 폭주 및 서버의 네트워크 사정에 따라 접속이 불안정해 질 수 있으니 가급적 마감일 1~2일 전까지 입사지원서 작성바람
- 입사지원서를 작성하여 접수하고 수험번호가 부여된 후 재입력이나 수정은 채용 공고 종료일 18:00까지만 가능하오니, 기재내용 입력에 신중을 기하여 정확하게 입력하기 바람

(3) 구비서류 접수
- 접수방법 : 최종면접 전형 당일 시험장에서만 접수하며, 미제출자는 불합격 처리
  - 최종학력졸업증명서 1부
  - 자격증 사본 1부(해당자에 한함)

■ 기타 사항
- 상기 모집분야에 대해 최종 전형결과 적격자가 없는 것으로 판단될 경우, 선발하지 아니 할 수 있으며, 추후 입사지원서의 기재사항이나 제출서류가 허위로 판명될 경우 합격 또는 임용을 취소함
- 최종합격자라도 신체검사에서 불합격 판정을 받거나 공사 인사규정상 채용 결격사유가 발견될 경우 임용을 취소함
- 3개월 인턴 후 평가(70점 이상)에 따라 정식 고용 여부를 결정함

■ 문의 및 접수처
- 기타 문의사항은 ㈜서원 홈페이지(www.seowon.co.kr) 참고

① 우편 및 방문접수는 불가하며 입사지원은 인터넷 접수만 가능하다.

② 지원서 수정은 마감일 이후 불가능하다.

③ 최종합격자라도 신체검사에서 불합격 판정을 받으면 임용이 취소된다.

④ 3개월 인턴과정을 거치고 나면 별도의 제약 없이 정식 고용된다.

2. 다음 사례를 통해 알 수 있는 소셜미디어의 특징으로 가장 적절한 것은?

> ○○일보
>
> 20××년 1월 15일
>
> 소셜미디어의 활약, 너무 반짝반짝 눈이 부셔!
>
> 자연재해 시마다 소셜미디어의 활약이 눈부시다. 지난 14일 100년만의 폭설로 인해 지하철 운행이 중단되고 곳곳의 도로가 정체되는 등 교통대란이 벌어졌지만 많은 사람들이 스마트폰의 도움으로 최악의 상황을 피할 수 있었다.
>
> 누리꾼들은,
>
> '폭설로 인한 전력공급 중단으로 지하철 1호선 영등포역 정차 중'
>
> '올림픽대로 상행선 가양대교부터 서강대교까지 정체 중'
>
> 등 서로 소셜미디어를 통해 실시간 피해상황을 주고받았으며 이로 인해 출근 준비 중이던 대부분의 시민들은 다른 교통수단으로 혼란 없이 회사로 출근할 수 있었다.

① 정보전달방식이 일방적이다.

② 상위계층만 누리던 고급문화가 대중화된 사례이다.

③ 정보의 무비판적 수용을 조장한다.

④ 정보수용자와 제공자 간의 경계가 모호하다.

【3~4】 다음 대화를 읽고 물음에 답하시오.

> 상담원 : 네, ㈜애플망고 소비자센터입니다.
>
> 고객 : 제가 최근에 인터넷으로 핸드폰을 구입했는데요, 제품에 문제가 있는 것 같아서요.
>
> 상담원 : 아, 어떤 문제가 있으신지 여쭈어 봐도 될까요?
>
> 고객 : 제가 물건을 받고 핸드폰을 사용했는데 통화음질도 안 좋을 뿐더러 통화 연결이 잘 안 되더라고요. 그래서 통신 문제인 줄 알고 통신사 고객센터에 연락해보니 테스트해보더니 통신의 문제는 아니라고 해서요. 제가 보기엔 핸드폰 기종 자체가 통화 음질이 떨어지는 거 같거든요? 그래서 구매한지 5일 정도 지났지만 반품하고 싶은데 가능할까요?
>
> 상담원 : 네, 고객님. 「전자상거래 등 소비자보호에 관한 법」에 의거해서 물건 수령 후 7일 이내에 청약철회가 가능합니다. 저희 쪽에 물건을 보내주시면 곧바로 환불처리 해 드리겠습니다.
>
> 고객 : 아, 감사합니다.
>
> 상담원 : 행복한 하루 되세요. 상담원 ○○○였습니다.

3. 위 대화의 의사소통 유형으로 적절한 것은?

① 대화하는 사람들의 친교와 관계유지를 위한 의사소통이다.

② 화자가 청자의 긍정적 반응을 유도하는 의사소통이다.

③ 일대일 형식의 공식적 의사소통이다.

④ 정보전달적 성격의 비공식적 의사소통이다.

4. 위 대화에서 상담원의 말하기 방식으로 적절한 것은?

① 상대방이 알고자 하는 정보를 정확히 제공한다.

② 타협을 통해 문제 해결방안을 찾고자 한다.

③ 주로 비언어적 표현을 활용하여 설명하고 있다.

④ 상대방을 배려하기보다 자신의 의견을 전달하는데 중점을 두고 있다.

5. **다음은 스티븐 씨의 한국방문일정이다. 정확하지 않은 것은?**

> <u>Tues. march. 24. 2025</u>
> 10:30 Arrive Seoul (KE 086)
> 12:00~14:00 Luncheon with Directors at Seoul Branch
> 14:30~16:00 Meeting with Suppliers
> 16:30~18:00 Tour of Insa-dong
> 19:00 Depart for Dinner
>
> <u>Wed. march. 25. 2025</u>
> 8:30 Depart for New York (OZ 222)
> 11:00 Arrive New York

① 총 2대의 비행기를 이용할 것이다.

② 오후에 인사동을 관광할 것이다.

③ 서울에 도착 후 이사와 오찬을 먹을 것이다.

④ 둘째 날 일정은 오후 11시에 끝난다.

6. **다음으로부터 바르게 추론한 것으로 옳은 것을 보기에서 고르면?**

> • 5개의 갑, 을, 병, 정, 무 팀이 있다.
> • 현재 '갑'팀은 0개, '을'팀은 1개, '병'팀은 2개, '정'팀은 2개, '무'팀은 3개의 프로젝트를 수행하고 있다.
> • 8개의 새로운 프로젝트 a, b, c, d, e, f, g, h를 5개의 팀에게 분배하려고 한다.
> • 5개의 팀은 새로운 프로젝트 1개 이상을 맡아야 한다.
> • 기존에 수행하던 프로젝트를 포함하여 한 팀이 맡을 수 있는 프로젝트 수는 최대 4개이다.
> • 기존의 프로젝트를 포함하여 4개의 프로젝트를 맡은 팀은 2팀이다.
> • 프로젝트 a, b는 한 팀이 맡아야 한다.
> • 프로젝트 c, d, e는 한 팀이 맡아야 한다.

> 〈보기〉
> ㉠ a를 '을'팀이 맡을 수 없다.
> ㉡ f를 '갑'팀이 맡을 수 있다.
> ㉢ 기존에 수행하던 프로젝트를 포함해서 2개의 프로젝트를 맡는 팀이 있다.

① ㉠ ② ㉡

③ ㉢ ④ ㉠㉢

7. 사과 사탕, 포도 사탕, 딸기 사탕이 각각 2개씩 있다. 甲~戊 다섯 명의 사람 중 한 명이 사과 사탕 1개와 딸기 사탕 1개를 함께 먹고, 다른 네 명이 남은 사탕을 각각 1개씩 먹었다. 모두 진실을 말하였다고 할 때, 사과 사탕 1개와 딸기 사탕 1개를 함께 먹은 사람과 戊가 먹은 사탕을 옳게 짝지은 것은?

> 甲 : 나는 포도 사탕을 먹지 않았어.
> 乙 : 나는 사과 사탕만을 먹었어.
> 丙 : 나는 사과 사탕을 먹지 않았어.
> 丁 : 나는 사탕을 한 종류만 먹었어.
> 戊 : 너희 말을 다 듣고 아무리 생각해봐도 나는 딸기 사탕을 먹은 사람 두 명 다 알 수는 없어.

① 甲, 포도 사탕 1개
② 甲, 딸기 사탕 1개
③ 丙, 포도 사탕 1개
④ 丙, 딸기 사탕 1개

8. G 음료회사는 신제품 출시를 위해 시제품 3개를 만들어 전직원을 대상으로 블라인드 테스트를 진행한 후 기획팀에서 회의를 하기로 했다. 독창성, 대중성, 개인선호도 세 가지 영역에 총 15점 만점으로 진행된 테스트 결과가 다음과 같을 때, 기획팀 직원들의 발언으로 옳지 않은 것은?

	독창성	대중성	개인선호도	총점
시제품 A	5	2	3	10
시제품 B	4	4	4	12
시제품 C	2	5	5	12

① 우리 회사의 핵심가치 중 하나가 창의성 아닙니까? 저는 독창성 점수가 높은 A를 출시해야 한다고 생각합니다.
② 독창성이 높아질수록 총점이 낮아지는 것을 보지 못하십니까? 저는 그 의견에 반대합니다.
③ 무엇보다 현 시점에서 회사의 재정상황을 타계하기 위해서는 대중성을 고려하여 높은 이윤이 날 것으로 보이는 C를 출시해야 하지 않겠습니까?
④ 그럼 독창성과 대중성, 개인선호도를 모두 고려하여 B를 출시하는 것이 어떻겠습니까?

┃9~10┃ 다음 5개의 팀에 인터넷을 연결하기 위해 작업을 하려고 한다. 5개의 팀 사이에 인터넷을 연결하기 위한 시간이 다음과 같을 때 제시된 표를 바탕으로 물음에 답하시오(단, 가팀과 나팀이 연결되고 나팀과 다팀이 연결되면 가팀과 다팀이 연결된 것으로 간주한다).

구분	가	나	다	라	마
가	–	3	6	1	2
나	3	–	1	2	1
다	6	1	–	3	2
라	1	2	3	–	1
마	2	1	2	1	–

9. 가팀과 다팀을 인터넷 연결하기 위해 필요한 최소의 시간은?

① 7시간 ② 6시간
③ 5시간 ④ 4시간

10. 다팀과 마팀을 인터넷 연결하기 위해 필요한 최소의 시간은?

① 1시간 ② 2시간
③ 3시간 ④ 4시간

11. 다음 중 RAM에 관한 설명으로 옳지 않은 것은?

① DRAM이 가격은 저가이고 SRAM의 가격은 상대적으로 고가이다.
② DRAM은 재충전이 필요없고 SRAM은 재충전이 필요하다.
③ DRAM은 주기억장치로 사용되고 SRAM은 캐시메모리로 사용된다.
④ DRAM은 집적도가 크고 SRAM은 상대적으로 집적도가 낮다.

12. 다음에서 설명하고 있는 개념은 무엇인가?

> 메모리를 주기억장치의 용량으로 제한하지 않고 보조기억장치의 용량까지 확대 사용한 것

① 캐시기억장치
② 연관기억장치
③ 가상기억장치
④ 출력장치

13. 다음 중 개념에 관한 설명으로 옳은 것은?

① 비트(Bit) : Binary Digit의 약자로 데이터(정보) 표현의 최소 단위
② 바이트(Byte) : 하나의 문자, 숫자, 기호의 단위로 16Bit의 모임
③ 레코드(Record) : 항목(Item) 이라고도 하며, 하나의 수치 또는 일련의 문자열로 구성되는 자료처리의 최소단위
④ 데이터베이스(Database) : 하나 이상의 필드가 모여 구성되는 프로그램 처리의 기본 단위

14. 다음 중 컴퓨터 보안 위협의 형태와 그 내용에 대한 설명이 올바르게 연결되지 않은 것은 어느 것인가?

① 피싱(Phishing) – 유명 기업이나 금융기관을 사칭한 가짜 웹 사이트나 이메일 등으로 개인의 금융정보와 비밀번호를 입력하도록 유도하여 예금 인출 및 다른 범죄에 이용하는 수법
② 스푸핑(Spoofing) – 악의적인 목적으로 임의로 웹 사이트를 구축해 일반 사용자의 방문을 유도한 후 시스템 권한을 획득하여 정보를 빼가거나 암호와 기타 정보를 입력하도록 속이는 해킹 수법
③ 디도스(DDoS) – 시스템에 불법적인 행위를 수행하기 위하여 다른 프로그램으로 위장하여 특정 프로그램을 침투시키는 행위
④ 스니핑(Sniffing) – 네트워크 주변을 지나다니는 패킷을 엿보면서 아이디와 패스워드를 알아내는 행위

15. 개인정보 유출방지 방법으로 적절하지 못한 것은?

① 사이트 회원 가입시 이용약관 반드시 읽기
② 이용목적에 부합하는 정보를 요구하는지 확인하기
③ 정체가 불분명한 사이트에는 가입을 하지 않기
④ 비밀번호는 생년월일로 외우기 쉬운 것 사용하기

16. 다음 중 조직에서 업무가 배정되는 방법에 대한 설명으로 옳지 않은 것은?

① 조직의 업무는 조직 전체의 목적을 달성하기 위해 배분된다.
② 업무를 배정하면 조직을 가로로 구분하게 된다.
③ 직위는 조직의 업무체계 중 하나의 업무가 차지하는 위치이다.
④ 업무를 배정할 때에는 일의 동일성, 유사성, 관련성에 따라 이루어진다.

17. 조직구성원으로서 가져야 할 상식으로 볼 수 없는 것은?

① 협동
② 존중과 이해
③ 공동체의식
④ 빡빡한 업무분장

18. 다음에 주어진 조직의 특성 중 유기적 조직에 대한 설명을 모두 고른 것은?

> ㉠ 구성원들의 업무가 분명하게 규정되어 있다.
> ㉡ 급변하는 환경에 적합하다.
> ㉢ 비공식적인 상호의사소통이 원활하게 이루어진다.
> ㉣ 엄격한 상하 간의 위계질서가 존재한다.
> ㉤ 많은 규칙과 규정이 존재한다.

① ㉠㉢ ② ㉡㉢
③ ㉡㉤ ④ ㉢㉣

19. 다음 중 조직변화의 유형에 대한 설명으로 옳지 않은 것은?

① 조직변화는 서비스, 제품, 전략, 구조, 기술, 문화 등에서 이루어질 수 있다.
② 기존 제품이나 서비스의 문제점을 인식하고 고객의 요구에 부응하기 위한 변화를 제품·서비스 변화라 한다.
③ 새로운 기술이 도입되는 것으로 신기술이 발명되었을 때나 생산성을 높이기 위해 이루어지는 것을 전략변화라 한다.
④ 문화변화는 구성원들의 사고방식이나 가치체계를 변화시키는 것을 말한다.

20. 직업인은 직장 또는 개인 친분에 있어서 대인관계를 지속하게 된다. 아래 내용은 원모 씨가 직장 생활 중 장례식장에 조문하게 된 상황을 나타낸 것이다. 이 때 밑줄 친 각 부분을 고친 것으로 가장 옳지 않은 것을 고르면?

> 얼마 전 지인의 어머님이 돌아가셔서 장례식장을 찾은 원모 씨 (45세). 그는 유독 장례식장만 들어서면 긴장을 한다. 장례식장을 찾는 것도 조심스러운데 그곳에서 어떻게 행동하고 말을 해야 할 지에 대해서도 별다른 지식이 없기 때문이다. 그렇다고 부의금만 내고 휑하니 돌아갈 수도 없는 일. 어설프게나마 상주와 고인에게 예를 표하고 돌아서지만 '혹시나 실수를 하지 않았나' 하는 찜찜한 마음이 생기는 것은 어쩔 수 없다.
>
> ① <u>올바른 조문복장</u>
> 조문을 할 때 남자는 검정색 양복에 흰 와이셔츠, 검정 넥타이를 매는 것이 일반적이다.
>
> ② <u>장례식장 인사 예절</u>
> 장례식장 복도 등에서 동료, 지인 등을 만났을 때는 가볍게 목례를 하는 것이 좋다.
>
> ③ <u>상복을 입지 않은 상주</u>
> 부고 소식을 접하고 첫째 날 장례식장에 조문을 갔다가 상주가 상복을 입고 있지 않은 경우를 목격하곤 한다.
>
> ④ <u>술자리 예절</u>
> 장례식장에서 배부르게 먹을 일은 없지만 자리를 지키며 반주를 먹게되는 경우가 있다.

① 검정색 양복이 준비되지 않았을 경우 어두운 톤의 옷을 입어도 실례가 되지 않는다.

② 상주와 대면을 할 때는 '얼마나 상심이 크십니까', '뭐라 위로해 드릴 말씀이 없습니다.'와 같이 예의 바른 표현이 좋다.

③ 이 경우 상주가 조문예절을 모르는 것이 아니라 아직 고인을 입관하지 않았다는 뜻으로 보면 된다.

④ 분위기를 좋게 하기 위해 주변에 앉은 사람들과 술잔을 부딪치는 것이 좋다.

21. 귀하는 서문대학 대졸 공채 입학사정관의 조직구성원들 간의 원만한 관계 유지를 위한 갈등관리 역량에 관해 입학사정관 인증교육을 수료하게 되었다. 인증교육은 다양한 갈등사례를 통해 갈등과정을 시뮬레이션 함으로써 바람직한 갈등해결방법을 모색하는 데 중점을 두고 있다. 입학사정관이 교육을 통해 습득한 갈등과정을 바르게 나열한 것은?

① 대결 국면 – 의견불일치 – 진정 국면 – 격화 국면 – 갈등의 해소

② 의견 불일치 – 격화 국면 – 대결 국면 – 갈등의 해소 – 진정 국면

③ 의견 불일치 – 진정 국면 – 격화 국면 – 대결 국면 – 갈등의 해소

④ 의견 불일치 – 대결 국면 – 격화 국면 – 진정 국면 – 갈등의 해소

22. 다음 중 변혁적 리더십의 유형으로 옳은 설명은?

① 개개인과 팀이 유지해 온 업무수행 상태를 뛰어넘어 전체 조직이나 팀원들에게 변화를 가져오는 원동력이 된다.

② 정책의사결정과 대부분의 핵심정보를 그들 스스로에게만 국한하여 소유하고 고수하려는 경향이 있다.

③ 그룹에 정보를 잘 전달하려고 노력하고 전체 그룹의 구성원 모두를 목표방향으로 설정에 참여하게 함으로써 구성원들에게 확신을 심어주려고 노력한다.

④ 리더와 집단 구성원 사이의 구분이 희미하고 리더가 조직에서 한 구성원이 되기도 한다.

23. 다음 중 팀워크의 촉진 방법으로 옳지 않은 것은?

① 개개인의 능력을 우선시 하기

② 갈등 해결하기

③ 참여적으로 의사결정하기

④ 창의력 조성을 위해 협력하기

24. 조직구성원들로 하여금 리더에 대한 신뢰를 갖게 하는 카리스마는 물론 조직변화의 필요성을 감지하고 그러한 변화를 이끌어 낼 수 있는 새로운 비전을 제시할 수 있는 능력이 요구되는 리더십을 무엇이라 하는가?

① 변혁적 리더십

② 거래적 리더십

③ 카리스마 리더십

④ 서번트 리더십

25. 다음 중 대인관계능력을 구성하는 하위능력으로 옳지 않은 것은?

① 팀워크능력 ② 자아인식능력

③ 리더십능력 ④ 갈등관리능력

절 취 선

코레일네트웍스

성 명

(자 필 성 명)

생 년 월 일

⓪	⓪	⓪	⓪	⓪	⓪	⓪	⓪
①	①	①	①	①	①	①	①
②	②	②	②	②	②	②	②
③	③	③	③	③	③	③	③
④	④	④	④	④	④	④	④
⑤	⑤	⑤	⑤	⑤	⑤	⑤	⑤
⑥	⑥	⑥	⑥	⑥	⑥	⑥	⑥
⑦	⑦	⑦	⑦	⑦	⑦	⑦	⑦
⑧	⑧	⑧	⑧	⑧	⑧	⑧	⑧
⑨	⑨	⑨	⑨	⑨	⑨	⑨	⑨

1	① ② ③ ④	21	① ② ③ ④
2	① ② ③ ④	22	① ② ③ ④
3	① ② ③ ④	23	① ② ③ ④
4	① ② ③ ④	24	① ② ③ ④
5	① ② ③ ④	25	① ② ③ ④
6	① ② ③ ④		
7	① ② ③ ④		
8	① ② ③ ④		
9	① ② ③ ④		
10	① ② ③ ④		
11	① ② ③ ④		
12	① ② ③ ④		
13	① ② ③ ④		
14	① ② ③ ④		
15	① ② ③ ④		
16	① ② ③ ④		
17	① ② ③ ④		
18	① ② ③ ④		
19	① ② ③ ④		
20	① ② ③ ④		

SEOWONGAK
(주)서원각

코레일네트웍스

필기시험 모의고사

- 제 4 회 -

성명		생년월일	
시험시간	30분	문항수	25문항

〈응시 전 주의사항〉

○ 문제지 해당란과 OMR답안지에 성명과 생년월일을 정확하게 기재하십시오.

○ 기재착오, 누락 등으로 인한 불이익은 응시자 본인의 책임이니 OMR 답안지 작성에 유의하십시오.

(주)서원각

제4회 코레일네트웍스
필기시험 모의고사

1. 다음 업무일지를 바르게 이해하지 못한 것은?

[20××년 7월 6일 업무보고서]

편집팀 팀장 박○○

시간	내용	비고
09:00~10:00	편집팀 회의	- 일주일 후 나올 신간 논의
10:00~12:00	통상업무	
12:00~13:00	점심식사	
13:00~14:30	릴레이 회의	- 편집팀 인원충원에 관해 인사팀 김서현 대리에게 보고 - 디자인팀에 신간 표지디자인 샘플 부탁
14:30~16:00	협력업체 사장과 미팅	- 내일 오전까지 인쇄물 400부 도착
16:00~18:00	서점 방문	- 지난 시즌 발간한 서적 동향 파악

① 7월 13일 신간이 나올 예정이다.

② 편집팀은 현재 인력이 부족한 상황이다.

③ 저번 달에도 신간을 발간했다.

④ 내일 오전 인쇄물 400부가 배송될 예정이다.

2. 다음 말하기의 문제점을 해결하기 위한 의사소통 전략으로 적절한 것은?

- (부장님이 팀장님께) "어이, 김팀장 이번에 성과 오르면 내가 술 사줄게."
- (팀장님이 거래처 과장에게) "그럼 그렇게 일정을 맞혀보도록 하죠."
- (뉴스에서 아나운서가) "이번 부동산 정책은 이전과 비교해서 많이 틀려졌습니다."

① 청자의 배경지식을 고려해서 표현을 달리한다.

② 문화적 차이에서 비롯되는 갈등에 효과적으로 대처한다.

③ 상대방의 공감을 이끌어 낼 수 있는 전략을 효과적으로 활용한다.

④ 상황이나 어법에 맞는 적절한 언어표현을 사용한다.

3. 다음에 제시된 대화의 빈칸에 들어갈 적절한 문장을 고르면?

> Mr. Lee : Dr. KIM! It's been a while since we spoke.
> Secretary : Who am I speaking to?
> Mr. Lee : Oh! I'm sorry. I'm Lee from ABC Pharmaceutical Company. I'd like to speak to Dr. KIM.
> Secretary : Hold on.____________________
> (after a while)
> Secretary : I'm sorry, but he's not at his desk now. Can I take a message for you?
> Mr. Lee : Please tell him I called.

① Would you like some coffee?
② I'll put you through.
③ I'll go and powder my nose.
④ Don't be late.

4. 다음 중 아래 글을 읽고 글로벌 기업의 성공적 대응 유형에 해당하지 않는 것을 고르면?

> 전 세계적으로 저성장이 장기화되고 있고, 낮은 가격을 무기로 개발도상국 업체들이 추격해 오고 있다. 이와 같이 가격 경쟁이 치열해 지는 상황에서 글로벌 기업들이 성공적으로 대응하는 유형은 크게 5가지로 구분할 수 있다.
>
> 첫 번째로 차별화 전략을 들 수 있다. 디자인, 성능, 브랜드 및 사용 경험 등을 차별화하는 방법이다.
> 두 번째로 저가로 맞대응하는 유형이다. 전체적인 구조조정을 통한 원가 혁신으로 상대 기업에 비해서 가격 경쟁력을 확보하는 전략이다.
> 세 번째로 차별화와 원가 혁신의 병행 전략을 선택하는 경우이다. IT 기술의 발달로 제품 및 서비스의 비교가 쉬워지면서 제품 차별화 혹은 원가 혁신과 같은 단일 전략보다는 차별화와 원가 혁신을 동시에 추구하는 전략이 큰 호응을 얻고 있다.
> 네 번째는 경쟁의 축을 바꿈으로써 시장을 선도하는 경우이다. 이는 시장에 새로운 게임의 룰을 만들어서 경쟁에서 벗어나는 방법이다.
> 마지막으로 제품만 팔다가 경쟁의 범위를 솔루션 영역으로 확장하면서 경쟁력을 높이는 경우이다.

① A식품은 캡슐 커피라는 신제품을 통해 새로운 커피 시장을 창출할 수 있었다.
② B항공사는 필수 서비스만 남기는 파격적 혁신으로 우수한 영업 실적을 기록했다.
③ C사는 시계를 기능성 제품보다 패션 아이템으로 인식되도록 하는 전략을 구사했다.
④ E사는 신제품 홍보에 온라인과 오프라인을 골고루 활용하여 고객의 주목을 받고 있다.

5. 다음 밑줄 친 단어의 의미와 동일하게 쓰인 것을 고르시오.

> 김동연 경제부총리 겸 기획재정부 장관은 26일 최근 노동이슈 관련 "다음 주부터 시행되는 노동시간 단축 관련 올해 말까지 계도기간을 설정해 단속보다는 제도 정착에 초점을 두고 추진할 것"이라고 밝혔다.
> 김동연 부총리는 이날 정부서울청사에서 노동현안 관련 경제현안간담회를 주재하고 "7월부터 노동시간 단축제도가 시행되는 모든 기업에 대해 시정조치 기간을 최장 6개월로 <u>늘리고</u>, 고소ㆍ고발 등 법적인 문제의 처리 과정에서도 사업주의 단축 노력이 충분히 참작될 수 있도록 하겠다."라며 이같이 말했다.
> 김 부총리는 "노동시간 단축 시행 실태를 면밀히 조사해 탄력 근로단위기간 확대 등 제도개선 방안도 조속히 마련하겠다."라며 "불가피한 경우 특별 연장근로를 인가받아 활용할 수 있도록 구체적인 방안을 강구할 것"이라고 밝혔다.

① 우리는 10년 만에 넓은 평수로 <u>늘려</u> 이사했다.
② 그 집은 알뜰한 며느리가 들어오더니 금세 재산을 <u>늘려</u> 부자가 되었다.
③ 적군은 세력을 <u>늘린</u> 후 다시 침범하였다.
④ 대학은 학생들의 건의를 받아들여 쉬는 시간을 <u>늘리는</u> 방안을 추진 중이다.

6. '가, 나, 다, 라, 마'가 일렬로 서 있다. 아래와 같은 조건을 만족할 때, '가'가 맨 왼쪽에 서 있을 경우, '나'는 몇 번째에 서 있는가?

> • '가'는 '다' 바로 옆에 서있다.
> • '나'는 '라'와 '마' 사이에 서있다.

① 첫 번째　　② 두 번째
③ 세 번째　　④ 네 번째

7. 다음 글과 표를 근거로 판단할 때 세 사람 사이의 관계가 모호한 경우는?

> • 조직 내에서 두 사람 사이의 관계는 '동갑'과 '위아래' 두 가지 경우로 나뉜다.
> – 두 사람이 태어난 연도가 같은 경우 입사년도에 상관없이 '동갑' 관계가 된다.
> – 두 사람이 태어난 연도가 다른 경우 '위아래' 관계가 된다. 이때 생년이 더 빠른 사람이 '윗사람', 더 늦은 사람이 '아랫사람'이 된다.
> – 두 사람이 태어난 연도가 다르더라도 입사년도가 같고 생년월일의 차이가 1년 미만이라면 '동갑' 관계가 된다.
> • 두 사람 사이의 관계를 바탕으로 임의의 세 사람(A~C) 사이의 관계는 '명확'과 '모호' 두 가지 경우로 나뉜다.
> – A와 B, A와 C가 '동갑' 관계이고 B와 C 또한 '동갑' 관계인 경우 세 사람 사이의 관계는 '명확'하다.
> – A와 B가 '동갑' 관계이고 A가 C의 '윗사람', B가 C의 '윗사람'인 경우 세 사람 사이의 관계는 '명확'하다.
> – A와 B, A와 C가 '동갑' 관계이고 B와 C가 '위아래' 관계인 경우 세 사람 사이의 관계는 '모호'하다.

이름	생년월일	입사년도
甲	1992. 4. 11.	2017
乙	1991. 10. 3.	2017
丙	1991. 3. 1.	2017
丁	1992. 2. 14.	2017
戊	1993. 1 7.	2018

① 甲, 乙, 丙
② 甲, 乙, 丁
③ 甲, 丁, 戊
④ 乙, 丁, 戊

8. 공연기획사인 A사는 이번에 주최한 공연을 보러 오는 관객을 기차역에서 공연장까지 버스로 수송하기로 하였다. 다음의 표와 같이 공연 시작 4시간 전부터 1시간 단위로 전체 관객 대비 기차역에 도착하는 관객의 비율을 예측하여 버스를 운행하고자 하며, 공연 시작 시간까지 관객을 모두 수송해야 한다. 다음을 바탕으로 예상한 수송 시나리오 중 옳은 것을 모두 고르면?

▣ 전체 관객 대비 기차역에 도착하는 관객의 비율

시각	전체 관객 대비 비율(%)
공연 시작 4시간 전	a
공연 시작 3시간 전	b
공연 시작 2시간 전	c
공연 시작 1시간 전	d
계	100

- 전체 관객 수는 40,000명이다.
- 버스는 한 번에 대당 최대 40명의 관객을 수송한다.
- 버스가 기차역과 공연장 사이를 왕복하는 데 걸리는 시간은 6분이다.

▣ 예상 수송 시나리오

㉠ a = b = c = d = 25라면, 회사가 전체 관객을 기차역에서 공연장으로 수송하는 데 필요한 버스는 최소 20대이다.

㉡ a = 10, b = 20, c = 30, d = 40이라면, 회사가 전체 관객을 기차역에서 공연장으로 수송하는 데 필요한 버스는 최소 40대이다.

㉢ 만일 공연이 끝난 후 2시간 이내에 전체 관객을 공연장에서 기차역까지 버스로 수송해야 한다면, 이때 회사에게 필요한 버스는 최소 50대이다.

① ㉠　　② ㉡

③ ㉡, ㉢　　④ ㉠, ㉢

❚ 9~10 ❚ 인사팀에 근무하는 S는 2025년도에 새롭게 변경된 사내 복지 제도에 따라 경조사 지원 내역을 정리하는 업무를 담당하고 있다. 다음을 바탕으로 물음에 답하시오.

❒ 2025년도 변경된 사내 복지 제도

종류	주요 내용
주택 지원	• 사택 지원(가~사 총 7동 175가구) 최소 1년 최장 3년 • 지원 대상 – 입사 3년 차 이하 1인 가구 사원 중 무주택자(가~다동 지원) – 입사 4년 차 이상 본인 포함 가구원이 3인 이상인 사원 중 무주택자(라~사동 지원)
경조사 지원	• 본인/가족 결혼, 회갑 등 각종 경조사 시 • 경조금, 화환 및 경조휴가 제공
학자금 지원	• 대학생 자녀의 학자금 지원
기타	• 상병 휴가, 휴직, 4대 보험 지원

❒ 2025년도 1/4분기 지원 내역

이름	부서	직위	내역	변경 전	변경 후	금액(천원)
A	인사팀	부장	자녀 대학진학	지원 불가	지원 가능	2,000
B	총무팀	차장	장인상	변경 내역 없음		100
C	연구1팀	차장	병가	실비 지급	추가 금액 지원	50(실비 제외)
D	홍보팀	사원	사택 제공(가-102)	변경 내역 없음		–
E	연구2팀	대리	결혼	변경 내역 없음		100
F	영업1팀	차장	모친상	변경 내역 없음		100
G	인사팀	사원	사택 제공(바-305)	변경 내역 없음		–
H	보안팀	대리	부친 회갑	변경 내역 없음		100
I	기획팀	차장	결혼	변경 내역 없음		100

J	영업2팀	과장	생일	상품권	기프트 카드	50
K	전략팀	사원	생일	상품권	기프트 카드	50

9. **당신은 S가 정리해 온 2025년도 1/4분기 지원 내역을 확인하였다. 다음 중 잘못 구분된 사원은?**

지원 구분	이름
주택 지원	D, G
경조사 지원	B, E, H, I, J, K
학자금 지원	A
기타	F, C

① B　② D
③ F　④ H

10. **S는 2025년도 1/4분기 지원 내역 중 변경 사례를 참고하여 새로운 사내 복지 제도를 정리해 추가로 공시하려 한다. 다음 중 S가 정리한 내용으로 옳지 않은 것은?**

① 복지 제도 변경 전후 모두 생일에 현금을 지급하지 않습니다.
② 복지 제도 변경 후 대학생 자녀에 대한 학자금을 지원해 드립니다.
③ 변경 전과 달리 미혼 사원의 경우 입주 가능한 사택동 제한이 없어집니다.
④ 변경 전과 같이 경조사 지원금은 직위와 관계없이 동일한 금액으로 지원됩니다.

11. **엑셀 사용 시 발견할 수 있는 다음과 같은 오류 메시지 중 설명이 올바르지 않은 것은 어느 것인가?**

① #DIV/0! – 수식에서 어떤 값을 0으로 나누었을 때 표시되는 오류 메시지
② #N/A – 함수나 수식에 사용할 수 없는 데이터를 사용했을 경우 발생하는 오류 메시지
③ #NULL! – 잘못된 인수나 피연산자를 사용했을 경우 발생하는 오류 메시지
④ #NUM! – 수식이나 함수에 잘못된 숫자 값이 포함되어 있을 경우 발생하는 오류 메시지

12. **다음 중 워크시트 셀에 데이터를 자동으로 입력하는 방법에 대한 설명으로 옳지 않은 것은?**

① 셀에 입력하는 문자 중 처음 몇 자가 해당 열의 기존 내용과 일치하면 나머지 글자가 자동으로 입력된다.
② 실수인 경우 채우기 핸들을 이용한 [연속 데이터 채우기]의 결과는 소수점 이하 첫째 자리의 숫자가 1씩 증가한다.
③ 채우기 핸들을 이용하면 숫자, 숫자/텍스트 조합, 날짜 또는 시간 등 여러 형식의 데이터 계열을 빠르게 입력할 수 있다.
④ 사용자 지정 연속 데이터 채우기를 사용하면 이름이나 판매 지역 목록과 같은 특정 데이터의 연속 항목을 더 쉽게 입력할 수 있다.

13. 다음 중 ( ) 안에 들어갈 알맞은 말은 무엇인가?

> 분석과제의 발생 → 과제(요구)의 분석 → 조사항목의 선정 → ( ) → 자료의 조사 → 수집정보의 분류 → 항목별 분석 → 종합 · 결론 → 활용 · 정리

① 1차 자료 조사　② 조사정보의 선정
③ 관련 정보의 수집　④ 관련 정보의 분석

14. 다음 중 아래의 〈수정 전〉 차트를 〈수정 후〉 차트와 같이 변경하려고 할 때 사용해야 할 서식은?

〈수정 전〉

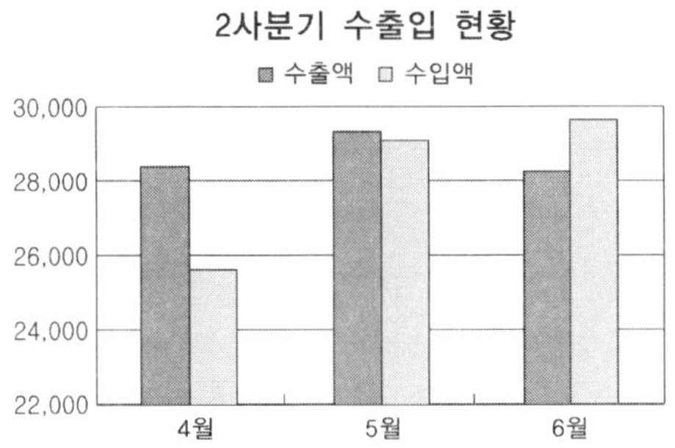

〈수정 후〉

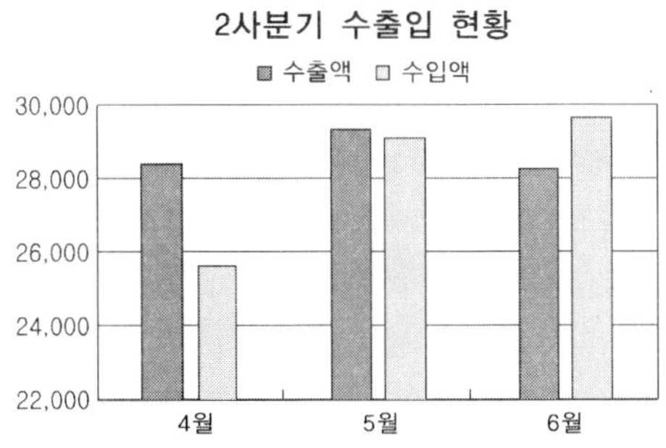

① 차트 영역 서식　② 그림 영역 서식
③ 데이터 계열 서식　④ 축 서식

15. 다음 그림과 같이 [A2:D5] 영역을 선택하여 이름을 정의한 경우에 대한 설명으로 옳지 않은 것은?

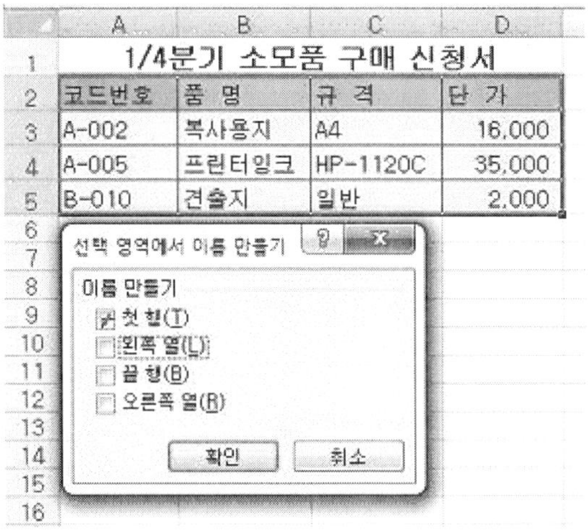

① 정의된 이름은 모든 시트에서 사용할 수 있으며, 이름 정의 후 참조 대상을 편집할 수도 있다.

② 현재 통합문서에 이미 사용 중인 이름이 있는 경우 기존 정의를 바꿀 것인지 묻는 메시지 창이 표시된다.

③ 워크시트의 이름 상자에서 '코드번호'를 선택하면 [A3:A5] 영역이 선택된다.

④ [B3:B5] 영역을 선택하면 워크시트의 이름 상자에 '품 명'이라는 이름이 표시된다.

16. **21세기의 많은 기업 조직들은 불투명한 경영환경을 이겨내기 위해 많은 방법들을 활용하곤 한다. 이 중 브레인스토밍은 일정한 테마에 관하여 회의형식을 채택하고, 구성원의 자유발언을 통한 아이디어의 제시를 요구해 발상의 전환을 이루고 해법을 찾아내려는 방법인데 아래의 글을 참고하여 브레인스토밍에 관련한 것으로 보기 가장 어려운 것을 고르면?**

> 전라남도는 지역 중소·벤처기업, 소상공인들이 튼튼한 지역경제의 버팀목으로 성장하도록 지원하는 정책 아이디어를 발굴하기 위해 27일 전문가 브레인스토밍 회의를 개최했다. 이날 회의는 정부의 경제성장 패러다임이 대기업 중심에서 중소·벤처기업 중심으로 전환됨에 따라 지역 차원에서 기업 지원 관련 기관, 교수, 상공인연합회, 중소기업 대표 등 관련 전문가들을 초청해 이뤄졌다. 회의에서는 중소·벤처기업, 소상공인 육성·지원과 청년창업 활성화를 위한 70여 건의 다양한 제안이 쏟아졌으며, 제안된 내용에 대해 구체적 실행 방안도 토론했다. 회의에 참석한 전문가들은 "중소·벤처기업이 변화를 주도하고, 혁신적 아이디어로 창업해 튼튼한 기업으로 성장하도록 정부와 지자체가 충분한 환경을 구축해주는 시스템의 변화가 필요하다"고 입을 모았다.

① 쉽게 실행할 수 있고, 다양한 주제를 가지고 실행할 수 있다.
② 이러한 기법의 경우 아이디어의 양보다 질에 초점을 맞춘 것으로 볼 수 있다.
③ 집단의 작은 의사결정부터 큰 의사결정까지 복잡하지 않은 절차를 통해 팀의 구성원들과 아이디어의 공유가 가능하다.
④ 비판 및 비난을 자제하는 것을 원칙으로 하고 있으므로 집단의 구성원들이 비교적 부담 없이 의견을 표출할 수 있다는 이점이 있다.

17. **리더와 관리자에 대한 설명으로 옳지 않은 것은?**

① 관리자는 자원을 관리·분배하고 당면한 문제를 해결하나, 리더는 비전을 구축하고 그 비전이 실현되도록 환경을 조성한다.
② 관리자는 무엇을 할까에 초점을 맞추나 리더는 어떻게 할까에 초점을 맞춘다.
③ 관리자는 사람이나 물품을 관리하나, 리더는 사람의 마음에 불을 지피는 사람이다.
④ 관리자는 현재의 구체적인 문제를 대상으로 삼는데 반해, 리더는 미래의 새로운 상황을 창조한다.

18. **다음에서 설명하는 리더십의 형태는 무엇인가?**

> 주식회사 서원각의 편집부 팀장인 K씨는 그동안 자신의 팀이 유지해온 업무수행 상태에 문제가 있음을 판단하고 있다. 이를 개선하기 위하여 K씨는 팀에 명확한 비전을 제시하고 팀원들로 하여금 업무에 몰두할 수 있도록 격려하였다.

① 독재자 유형
② 파트너십 유형
③ 민주주의 유형
④ 변혁적 유형

19. 다음 중 동기부여와 관련된 설명으로 옳지 않은 것은?

① 목표 달성을 높이 평가하여 조직원에게 곧바로 보상하는 행위를 긍정적 강화라고 한다.

② 환경 변화에 따라 조직원들에게 새로운 업무를 맡을 기회를 준다면, 팀에는 발전과 창조성을 고무하는 분위기가 자연스럽게 조성된다.

③ 단기적인 관점에서 보면 공포 분위기로 인해 직원들이 일을 적극적으로 할 수도 있지만, 장기적으로는 공포감 조성이 오히려 해가 될 수도 있다.

④ 조직원들을 지속적으로 동기부여하기 위해 가장 좋은 방법은 금전적인 보상이나 편익, 승진 등의 외적인 동기유발이다.

20. 코칭에 대한 설명으로 옳지 않은 것은?

① 코칭은 직원들의 능력을 신뢰하며 확신하고 있다는 사실을 전제로 한다.

② 코칭은 조직의 지속적인 성장과 성공을 만들어내는 리더의 능력이라고 할 수 있다.

③ 코칭은 직원들의 의견을 적극적으로 경청하고 필요한 지원을 아끼지 않아 생산성을 향상시킬 수 있다.

④ 코칭은 명령을 내리거나 지시를 내리는 것보다 적은 시간이 소요된다.

21. 다음 중 대인관계능력에 대한 정의로 옳은 것은?

① 직장생활에서 문서나 상대방이 하는 말의 의미를 파악하고 자신의 의사를 정확하게 표현하며 간단한 외국어 자료를 읽거나 외국인의 의사표시를 이해하는 능력

② 직업인으로서 자신의 능력, 적성, 특성 등을 이해하고 목표성취를 위해 스스로를 관리하며 개발해 나가는 능력

③ 직장생활에서 협조적인 관계를 유지하고 조직구성원들에게 도움을 줄 수 있으며 조직 내·외부의 갈등을 원만히 해결하고 고객의 요구를 충족시켜줄 수 있는 능력

④ 목표와 현상을 분석하고 이 결과를 토대로 과제를 도출하여 최적의 해결책을 찾아 실행하고 평가해 나가는 능력

22. 다음 중 동기부여 방법으로 옳지 않은 것은?

① 긍정적 강화법을 활용한다.

② 새로운 도전의 기회를 부여한다.

③ 몇 가지 코칭을 한다.

④ 일정기간 교육을 실시한다.

23. 다음 중 대인관계 향상 방법으로 옳지 않은 것은?

① 상대방에 대한 경계심

② 언행일치

③ 사소한 일에 대한 관심

④ 약속의 이행

24. 다음 중 고객만족 조사의 목적으로 옳지 않은 것은?

① 평가목적

② 고객과의 관계유지 파악

③ 개선목적

④ 부분적 경향의 파악

25. 팀워크 강화 노력이 필요한 때임을 나타내는 징후들로 옳지 않은 것은?

① 할당된 임무와 관계에 대해 혼동한다.

② 팀원들 간에 적대감이나 갈등이 생긴다.

③ 리더에 대한 의존도가 낮다.

④ 생산성이 하락한다.

절 취 선

코레일네트웍스

성 명

(자 필 성 명)

생 년 월 일

⓪	⓪	⓪	⓪	⓪	⓪	⓪	⓪
①	①	①	①	①	①	①	①
②	②	②	②	②	②	②	②
③	③	③	③	③	③	③	③
④	④	④	④	④	④	④	④
⑤	⑤	⑤	⑤	⑤	⑤	⑤	⑤
⑥	⑥	⑥	⑥	⑥	⑥	⑥	⑥
⑦	⑦	⑦	⑦	⑦	⑦	⑦	⑦
⑧	⑧	⑧	⑧	⑧	⑧	⑧	⑧
⑨	⑨	⑨	⑨	⑨	⑨	⑨	⑨

1	① ② ③ ④	21	① ② ③ ④
2	① ② ③ ④	22	① ② ③ ④
3	① ② ③ ④	23	① ② ③ ④
4	① ② ③ ④	24	① ② ③ ④
5	① ② ③ ④	25	① ② ③ ④
6	① ② ③ ④		
7	① ② ③ ④		
8	① ② ③ ④		
9	① ② ③ ④		
10	① ② ③ ④		
11	① ② ③ ④		
12	① ② ③ ④		
13	① ② ③ ④		
14	① ② ③ ④		
15	① ② ③ ④		
16	① ② ③ ④		
17	① ② ③ ④		
18	① ② ③ ④		
19	① ② ③ ④		
20	① ② ③ ④		

SEOWONGAK
(주)서원각

코레일네트웍스

필기시험 모의고사

- 제 5 회 -

성명		생년월일	
시험시간	30분	문항수	25문항

〈응시 전 주의사항〉

○ 문제지 해당란과 OMR답안지에 성명과 생년월일을 정확하게 기재하십시오.

○ 기재착오, 누락 등으로 인한 불이익은 응시자 본인의 책임이니 OMR 답안지 작성에 유의하십시오.

(주)서원각

제5회 코레일네트웍스 필기시험 모의고사

1. 다음은 ○○문화회관 전시기획팀의 주간회의록이다. 자료에 대한 내용으로 옳은 것은?

<table>
<tr><th colspan="6">주 간 회 의 록</th></tr>
<tr><td>회의 일시</td><td>2025. 7. 2(수)</td><td>부서</td><td>전시 기획팀</td><td>작성자</td><td>사원 甲</td></tr>
<tr><td>참석자</td><td colspan="5">戊 팀장, 丁 대리, 丙 사원, 乙 사원</td></tr>
<tr><td>회의 안건</td><td colspan="5">1. 개인 주간 스케줄 및 업무 점검
2. 2025년 하반기 전시 일정 조정</td></tr>
<tr><td rowspan="3">회의 내용</td><td colspan="3">내용</td><td colspan="2">비고</td></tr>
<tr><td colspan="3">1. 개인 주간 스케줄 및 업무 점검
• 戊 팀장 : 하반기 전시 참여 기관 미팅, 외부 전시장 섭외
• 丁 대리 : 하반기 전시 브로슈어 작업, 브로슈어 인쇄 업체 선정
• 丙 사원 : 홈페이지 전시 일정 업데이트
• 乙 사원 : 2025년 상반기 전시 만족도 조사</td><td colspan="2">• 7월 7일 AM 10:00 외부 전시장 사전 답사(戊 팀장, 丁 대리)</td></tr>
<tr><td colspan="3">2. 2025년 하반기 전시 일정 조정
• 하반기 전시 기간 : 9~11월, 총 3개월
• 전시 참여 기관 : A~I 총 9팀
– 관내 전시장 6팀, 외부 전시장 3팀
• 전시 일정 : 관내 2팀, 외부 1팀으로 3회 진행
<table>
<tr><th>장소 / 기간</th><th>관내 전시장</th><th>외부 전시장</th></tr>
<tr><td>9월</td><td>A, B</td><td>C</td></tr>
<tr><td>10월</td><td>D, E</td><td>F</td></tr>
<tr><td>11월</td><td>G, H</td><td>I</td></tr>
</table></td><td colspan="2">• 회의 종료 후, 전시 참여 기관에 일정 안내(7월 4일까지 변경 요청 없을 시 그대로 확정)</td></tr>
</table>

<table>
<tr><th></th><th>내용</th><th>작 업 자</th><th>진행일정</th></tr>
<tr><td rowspan="2">결정 사항</td><td>브로슈어 표지 이미지 샘플조사</td><td>丙 사원</td><td>2025. 7. 2 ~2025. 7. 3</td></tr>
<tr><td>상반기 전시 만족도 설문조사</td><td>乙 사원</td><td>2025. 7. 2 ~2025. 7. 5</td></tr>
<tr><td>특이 사항</td><td colspan="3">다음 회의 일정 : 7월 9일
• 2025년 상반기 전시 만족도 확인
• 브로슈어 표지 결정, 내지 1차 시안 논의</td></tr>
</table>

① 이번 주 금요일 외부 전시장 사전 답사에는 戊 팀장과 丁 대리만 참석한다.

② 丙 사원은 이번 주에 홈페이지 전시 일정 업데이트만 하면 된다.

③ 7월 4일까지 전시 참여 기관에서 별도의 연락이 없었다면, H팀의 전시는 2025년 11월 관내 전시장에 볼 수 있다.

④ 2025년 하반기 전시는 ○○문화회관 관내 전시장에서만 열릴 예정이다.

2. 다음 중 거래처 관리를 위한 총무과장의 업무방식으로 가장 바람직한 것은?

① 같은 시장에 신규 유입 기업은 많으므로 가격 및 서비스 비교를 통해 적절한 업체로 자주 변경하는 것이 바람직하다.

② 사내 임원이나 지인의 추천으로 거래처를 소개받았을 경우에는 기존의 거래처에서 변경하는 것이 바람직하다.

③ 믿음과 신뢰를 바탕으로 한 번 선정된 업체는 변경하지 않고 동일조건 하에 계속 거래를 유지하는 것이 바람직하다.

④ 오랫동안 거래했던 업체라 하더라도 가끔 상호관계와 서비스에 대해 교차점검을 하는 것이 바람직하다.

3. **다음은 ㅁㅁ기관 A 사원이 작성한 '도농(都農)교류 활성화 방안'이라는 보고서의 개요이다. 본론Ⅰ을 바탕으로 구성한 본론Ⅱ의 항목들로 적절하지 않은 것은?**

> A. 서론
> 1. 도시와 농촌의 현재 상황과 미래 전망
> 2. 생산적이고 쾌적한 농촌 만들기를 위한 도농교류의 필요성
>
> B. 본론Ⅰ : 현재 실시되고 있는 도농교류제도의 문제점
> 1. 행정적 차원
> 1) 소규모의 일회성 사업 난립
> 2) 지속적이고 안정적인 예산 확보 미비
> 3) ㅁㅁ기관 내 일원화된 추진체계 미흡
> 2. 소통적 차원
> 1) 도시민들의 농촌에 대한 부정적 인식
> 2) 농민들의 시장상황에 대한 정보 부족
>
> C. 본론Ⅱ : 도농교류 활성화를 위한 추진과제
>
> [   ]
>
> D. 결론

① 지역별 브랜드화 전략을 통한 농촌 이미지 제고

② 도농교류사업 추진 건수에 따른 예산 배정

③ 1사1촌(1社1村) 운동과 같은 교류 프로그램 활성화

④ 도농교류 책임기관으로서 ㅁㅁ기관 산하에 도농교류센터 신설

4. **다음은 K방송국 신입사원 甲이 모니터링 업무를 하던 중 문제가 될 수 있는 보도 자료들을 수집한 것이다. 다음 중 그 문제의 성격이 다른 하나는?**

> (가) 2004년 성매매특별법이 도입되었다. 한 지방경찰청의 범죄통계에 따르면 특별법 도입 직후 한 달 동안 성폭력 범죄 신고 및 강간사건의 수치가 지난 5년 동안의 월 평균보다 약간 높게 나타났다. 성범죄 수치는 계절과 주기별로 다르게 나타난다. K방송국 이 통계에 근거해 "성매매특별법 시행 이후 성범죄 급속히 늘어"라는 제목의 기사를 내었다.
>
> (나) 1994~1996년 사이 항공 사고로 인한 사망자가 적은 해에는 10명 미만, 많은 해에는 200~300명 발생하였다. 같은 기간 산업재해로 인한 사망자는 매년 5,000명 이상, 상해자는 700만 명가량 발생하였다. 이 시기 K방송국은 항공 사고에 대한 보도를 50편 가량 발표했다. 반면, 위험한 장비와 관련한 안전사고, 비위생적 노동조건으로 인한 질병 등 산업재해로 인한 사망사건에 대한 보도는 거의 없었다.
>
> (다) 1996~1997년 사이 통계를 보면 미국 사회 전체에서 폭력사건으로 인한 사망자 수는 5,400명이었다. 이 가운데 학교에서 발생한 폭력사건으로 인한 사망자 수는 19명이었으며 10개 공립학교에서 발생했다. 이로부터 K방송국은 "시한폭탄 같은 10대들"이라는 제하에 헤드라인 기사로 청소년 폭력문제를 다루었고, 뉴스 프로그램을 통해 청소년들의 흉악한 행동이 미국 전역의 학교와 도시에서 만연하고 있다고 보도했다.
>
> (라) 1990~1997년 사이 교통사고로 인한 사망자 25만 명 중 난폭 운전에 의해 사망한 사람은 218명이었다. 그리고 같은 시기 부상을 당한 2,000만 명의 자동차 운전자들 가운데 난폭 운전자에 의해 사고를 당했다고 추정되는 사람은 전체 부상자의 0.1% 미만이었다. 이에 대해 K방송국은 "교통사고의 주범 난폭운전"이란 제하에 난폭운전으로 인한 인명피해가 최근 전국적으로 넘쳐나고 있다고 보도했다.

① (가)　　② (나)

③ (다)　　④ (라)

5. 다음 문맥상 ㉠과 바꾸어 쓸 수 있는 단어를 탐구한 내용으로 가장 적절한 것은?

> 옛날 독서하는 사람에게는 다섯 가지 방법이 있었다. 첫 번째 방법은 박학(博學)이다. 곧 두루 혹은 널리 배운다는 것이다. 두 번째 방법은 심문(審問)이다. 곧 자세히 묻는다는 것이다. 세 번째 방법은 신사(愼思)로서 신중하게 생각한다는 것이다. 네 번째 방법은 명변(明辯)인데 명백하게 분별한다는 것이다. 마지막 다섯 번째 방법은 독행(篤行)으로 곧 진실한 마음으로 성실하게 실천한다는 것이다.
>
> 그런데 오늘날 독서하는 사람은 두루 혹은 널리 배운다는 박학에만 집착할 뿐 심문을 비롯한 네 가지 방법에 대해서는 관심조차 두지 않는다. 또한 한나라 시대 유학자의 학설이라면 그 요점과 본줄기도 따져 보지 않고, 그 끝맺는 취지도 ㉠ <u>살피지</u> 않은 채 오로지 한마음으로 믿고 추종한다. 이 때문에 가깝게는 마음을 다스리고 성품을 찾을 생각은 하지도 않고, 멀게는 세상을 올바르게 인도하고 백성을 잘 다스리는 일에 대해서는 관심조차 두지 않는다. 오로지 자신만이 널리 듣고 많이 기억하며, 시나 문장을 잘 짓고 논리나 주장을 잘 펼치는 것을 자랑삼아 떠벌리면서 '세상은 고루하다'고 비웃고 다닌다.

① 한 곳을 똑바로 바라본다는 뜻이니 '응시(凝視)하지'로 바꿀 수 있겠군.

② 생각하고 헤아려 본다는 뜻이니 '고려(考慮)하지'로 바꿀 수 있겠군.

③ 자기의 마음을 반성하고 살핀다는 뜻이니 '성찰(省察)하지'로 바꿀 수 있겠군.

④ 일을 해결할 수 있는 방법을 찾는다는 뜻이니 '모색(摸索)하지'로 바꿀 수 있겠군.

6. 다음은 ㅁㅁ전자의 스마트폰 사용에 관한 조사 설계의 일부분이다. 본 설문조사의 목적으로 가장 적합하지 않은 것은?

> 1. 조사 목적
>
> | |
> |---|
> | |
>
> 2. 과업 범위
> ① 조사 대상 : 서울과 수도권에 거주하고 있으며 최근 5년 이내에 스마트폰 변경 이력이 있고, 향후 1년 이내에 스마트폰 변경 의향이 있는 만 20~30세의 성인 남녀
> ② 조사 방법 : 구조화된 질문지를 이용한 온라인 조사
> ③ 표본 규모 : 총 1,000명
>
> 3. 조사 내용
> ① 시장 환경 파악 : 스마트폰 시장 동향 (사용기기 브랜드 및 가격, 기기사용 기간 등)
> ② 과거 스마트폰 변경 현황 파악 : 변경 횟수, 변경 사유 등
> ③ 향후 스마트폰 변경 잠재 수요 파악 : 변경 사유, 선호 브랜드, 변경 예산 등
> ④ 스마트폰 구매자를 위한 개선 사항 파악 : 스마트폰 구매자를 위한 요금할인, 사은품 제공 등 개선 사항 적용 시 스마트폰 변경 의향
> ⑤ 배경정보 파악 : 인구사회학적 특성 (연령, 성별, 거주 지역 등)
>
> 4. 결론 및 기대효과

① 스마트폰 구매자를 위한 요금할인 프로모션 시행의 근거 마련

② 평균 스마트폰 기기사용 기간 및 주요 변경 사유 파악

③ 광고 매체 선정에 참고할 자료 구축

④ 스마트폰 구매 시 사은품 제공 유무가 구입 결정에 미치는 영향 파악

7. **다음은 폐기물관리법의 일부이다. 제시된 내용을 참고할 때 옳은 것은?**

> 제00조 이 법에서 말하는 폐기물이란 쓰레기, 연소재, 폐유, 폐알칼리 및 동물의 사체 등으로 사람의 생활이나 사업활동에 필요하지 않게 된 물질을 말한다.
>
> 제00조
>
> ① 도지사는 관할 구역의 폐기물을 적정하게 처리하기 위하여 환경부장관이 정하는 지침에 따라 10년마다 '폐기물 처리에 관한 기본계획'(이하 '기본계획'이라 한다)을 세워 환경부장관의 승인을 받아야 한다. 승인사항을 변경하려 할 때에도 또한 같다. 이 경우 환경부장관은 기본계획을 승인하거나 변경승인하려면 관계 중앙행정기관의 장과 협의하여야 한다.
>
> ② 시장 · 군수 · 구청장은 10년마다 관할 구역의 기본계획을 세워 도지사에게 제출하여야 한다.
>
> ③ 제1항과 제2항에 따른 기본계획에는 다음 각 호의 사항이 포함되어야 한다.
>
> 1. 관할 구역의 지리적 환경 등에 관한 개황
> 2. 폐기물의 종류별 발생량과 장래의 발생 예상량
> 3. 폐기물의 처리 현황과 향후 처리 계획
> 4. 폐기물의 감량화와 재활용 등 자원화에 관한 사항
> 5. 폐기물처리시설의 설치 현황과 향후 설치 계획
> 6. 폐기물 처리의 개선에 관한 사항
> 7. 재원의 확보계획
>
> 제00조
>
> ① 환경부장관은 국가 폐기물을 적정하게 관리하기 위하여 전조 제1항에 따른 기본계획을 기초로 '국가 폐기물관리 종합계획'(이하 '종합계획'이라 한다)을 10년마다 세워야 한다.
>
> ② 환경부장관은 종합계획을 세운 날부터 5년이 지나면 그 타당성을 재검토하여 변경할 수 있다.

① 재원의 확보계획은 기본계획에 포함되지 않아도 된다.

② A도 도지사가 제출한 기본계획을 승인하려면, 환경부장관은 관계 중앙행정기관의 장과 협의를 거쳐야 한다.

③ 환경부장관은 국가 폐기물을 적정하게 관리하기 위하여 10년마다 기본계획을 수립하여야 한다.

④ B군 군수는 5년마다 종합계획을 세워 환경부장관에게 제출하여야 한다.

8. **○○기관의 김 대리는 甲, 乙, 丙, 丁, 戊 인턴 5명의 자리를 배치하고자 한다. 다음의 조건에 따를 때 옳지 않은 것은?**

> • 최상의 업무 효과를 내기 위해서는 성격이 서로 잘 맞는 사람은 바로 옆자리에 앉혀야 하고, 서로 잘 맞지 않는 사람은 바로 옆자리에 앉혀서는 안 된다.
> • 丙과 乙의 성격은 서로 잘 맞지 않는다.
> • 甲과 乙의 성격은 서로 잘 맞는다.
> • 甲과 丙의 성격은 서로 잘 맞는다.
> • 戊와 丙의 성격은 서로 잘 맞지 않는다.
> • 丁의 성격과 서로 잘 맞지 않는 사람은 없다.
> • 丁은 햇빛 알레르기가 있어 창문 옆(1번) 자리에는 앉을 수 없다.
>
> ■ 자리 배치도

창문	1	2	3	4	5

① 甲은 3번 자리에 앉을 수 있다.

② 乙은 5번 자리에 앉을 수 있다.

③ 丙은 2번 자리에 앉을 수 있다.

④ 丁은 3번 자리에 앉을 수 없다.

9. 다음의 규정과 공공기관 현황에 근거할 때, 시장형 공기업에 해당하는 공공기관은?

■ 공공기관의 구분

① 기획재정부장관은 공공기관을 공기업·준정부기관과 기타공공기관으로 구분하여 지정한다. 직원 정원이 50인 이상인 공공기관은 공기업 또는 준정부기관으로, 그 외에는 기타공공기관으로 지정한다.

② 기획재정부장관은 제1항의 규정에 따라 공기업과 준정부기관을 지정하는 경우 자체수입액이 총수입액의 2분의 1 이상인 기관은 공기업으로, 그 외에는 준정부기관으로 지정한다.

③ 기획재정부장관은 제1항 및 제2항의 규정에 따른 공기업을 다음 각 호의 구분에 따라 세분하여 지정한다.

1. 시장형 공기업 : 자산규모가 2조 원 이상이고, 총 수입액 중 자체수입액이 100분의 85 이상인 공기업
2. 준시장형 공기업 : 시장형 공기업이 아닌 공기업

■ 공공기관 현황

공공기관	직원 정원	자산규모	자체수입비율
A	80명	3조 원	85%
B	40명	1.5조 원	60%
C	60명	1조 원	45%
D	55명	2.5조 원	40%
E	50명	9천억 원	50%

① A ② B
③ C ④ D

10. 100명의 근로자를 고용하고 있는 ○○기관 인사팀에 근무하는 S는 고용노동법에 따라 기간제 근로자를 채용하였다. 제시된 법령의 내용을 참고할 때, 기간제 근로자로 볼 수 없는 경우는?

제10조

① 이 법은 상시 5인 이상의 근로자를 사용하는 모든 사업 또는 사업장에 적용한다. 다만 동거의 친족만을 사용하는 사업 또는 사업장과 가사사용인에 대하여는 적용하지 아니한다.

② 국가 및 지방자치단체의 기관에 대하여는 상시 사용하는 근로자의 수에 관계없이 이 법을 적용한다.

제11조

① 사용자는 2년을 초과하지 아니하는 범위 안에서(기간제 근로계약의 반복갱신 등의 경우에는 계속 근로한 총 기간이 2년을 초과하지 아니하는 범위 안에서) 기간제 근로자※를 사용할 수 있다. 다만 다음 각 호의 어느 하나에 해당하는 경우에는 2년을 초과하여 기간제 근로자로 사용할 수 있다.

1. 사업의 완료 또는 특정한 업무의 완성에 필요한 기간을 정한 경우
2. 휴직·파견 등으로 결원이 발생하여 당해 근로자가 복귀할 때까지 그 업무를 대신할 필요가 있는 경우
3. 전문적 지식·기술의 활용이 필요한 경우와 박사 학위를 소지하고 해당 분야에 종사하는 경우

② 사용자가 제1항 단서의 사유가 없거나 소멸되었음에도 불구하고 2년을 초과하여 기간제 근로자로 사용하는 경우에는 그 기간제 근로자는 기간의 정함이 없는 근로계약을 체결한 근로자로 본다.

※ 기간제 근로자라 함은 기간의 정함이 있는 근로계약을 체결한 근로자를 말한다.

① 수습기간 3개월을 포함하여 1년 6개월간 A를 고용하기로 근로계약을 체결한 경우

② 근로자 E의 휴직으로 결원이 발생하여 2년간 B를 계약직으로 고용하였는데, E의 복직 후에도 B가 계속해서 현재 3년 이상 근무하고 있는 경우

③ 사업 관련 분야 박사학위를 취득한 C를 계약직(기간제) 연구원으로 고용하여 C가 현재 3년간 근무하고 있는 경우

④ 국가로부터 도급받은 3년간의 건설공사를 완성하기 위해 D를 그 기간 동안 고용하기로 근로계약을 체결한 경우

11. **다음 보고서에 대한 설명으로 옳지 않은 것은? (단, 이 보고서는 전체 4페이지이며, 현재 페이지는 2페이지이다.)**

거래처별 제품목록

거래처명	제품번호	제품이름	단가	재고량
㈜맑은세상	15	아쿠아렌즈	₩50,000	22
	14	바슈롬렌지	₩35,000	15
	20	C-BR렌즈	₩50,000	3
	제품수 :	3	총재고량 :	40

거래처명	제품번호	제품이름	단가	재고량
참아이㈜	9	선글래스C	₩170,000	10
	7	선글래스A	₩100,000	23
	8	선글래스B	₩120,000	46

2/4

① '거래처명'을 표시하는 컨트롤은 '중복내용 숨기기' 속성이 '예'로 설정되어 있다.

② '거래처명'에 대한 그룹 머리글 영역이 만들어져 있고, '반복 실행 구역'속성이 '예'로 설정되어 있다.

③ '거래처명'에 대한 그룹 바닥글 영역이 설정되어 있고, 요약 정보를 표시하고 있다.

④ '거래처별 제품목록'이라는 제목은 '거래처명'에 대한 그룹 머리글 영역에 만들어져 있다.

12. **다음 중 행정기관이 업무를 효율적으로 처리하고 책임 소재를 명확하게 하기 위하여 소관 업무를 단위업무별로 분장하고 그에 따른 단위업무에 대한 업무계획, 업무 현황 및 그 밖의 참고자료 등을 체계적으로 정리한 업무 자료 철을 무엇이라고 하는가?**

① 업무현황집　　② 집무처리집

③ 행정편람　　④ 직무편람

13. **정보능력에 대한 설명으로 옳지 않은 것은?**

① 직장인은 업무를 수행하는데 있어 목적에 적합한 정보를 수집하는 것이 중요하다.

② 업무를 수행하는데 있어 정보를 산더미처럼 수집하였다면 정보가 충분하다는 것이다.

③ 업무를 수행하기 위해서는 효율적인 정보관리 방법을 숙지하는 것이 중요하다.

④ 정보를 효과적으로 활용하면 합리적 의사결정이 가능하고 위험을 사전에 예방할 수도 있다.

14. **다음은 어느 자격증 시험의 점수를 나타낸 엑셀 표이다. 다음을 합계점수가 높은 순으로 5명씩 10명만 인쇄하려고 한다. 다음 중 옳지 않은 것은? (단, 2행의 내용은 두 페이지 모두에 나오게 해야 한다)**

	A	B	C	D	E	F	G	H
1								
2		접수코드	성명	성별	필기	실기	합계	
3		OP007K	강경식	남	65	43	108	
4		OP011S	강현수	남	100	97	197	
5		OP009S	이대욱	남	80	55	135	
6		OP004S	김애란	여	55	70	125	
7		OP005K	노소연	여	67	50	117	
8		OP016K	마은성	여	70	62	132	
9		OP001S	마창진	남	42	70	112	
10		OP013S	민병철	남	70	65	135	
11		OP010K	정영진	여	46	23	69	
12		OP020S	서예희	여	70	72	142	
13		OP008S	신민경	여	60	57	117	
14		OP002K	유영철	남	43	100	143	
15		OP017S	이성화	여	69	52	121	
16		OP018S	이영애	여	72	84	156	
17		OP003K	이한일	남	57	60	117	
18		OP014K	임홍삼	남	100	86	186	
19		OP019K	정보진	남	90	88	178	
20		OP012S	최한기	남	50	63	113	
21		OP015K	황규하	남	60	80	140	
22		OP006K	황길호	남	35	42	77	

① G열 텍스트 오름차순 정렬

② 페이지 설정 〉 [시트]탭 〉 반복할 행"$2:$2"

③ 7, 8행 사이에 페이지 나누기 삽입

④ 페이지 설정 〉 [시트]탭 〉 인쇄영역"B2:G12"

15. 다음은 업무에 필요한 소프트웨어에 대해 설명한 자료이다. 그런데 빨리 정리하다보니 잘못된 내용이 정리되어 있는 것이 발견되었다. 잘못 설명된 내용은 어느 것인가?

프로그램명	설명
워드프로세서	문서를 작성하고 편집하거나 저장, 인쇄할 수 있는 프로그램 예 Word, HWP
스프레드시트	대량의 자료를 관리하고 검색하거나 자료 관리를 효과적으로 하게 하는 프로그램 예 오라클, Access
프레젠테이션	각종 정보를 사용자 또는 다수의 대상에게 시각적으로 전달하는데 적합한 프로그램 예 Power Point, 프리랜스 그래픽스
그래픽 소프트웨어	새로운 그림을 그리거나 그림 또는 사진 파일을 불러와 편집하는 프로그램 예 포토샵, 일러스트레이터, 3DS MAX
유틸리티	사용자가 컴퓨터를 효과적으로 사용하는데 도움이 되는 프로그램 예 파일 압축 유틸리티, 바이러스 백신, 동영상 재생 프로그램

① 워드프로세서

② 스프레드시트

③ 프레젠테이션

④ 그래픽 소프트웨어

16. 조직에서의 갈등해결의 장애물을 극복하기 위한 팀원의 올바른 자세로 볼 수 없는 것은?

① 낙관적으로 말하기

② 지원하는 입장에서 말하기

③ 상황을 기술하는 식으로 말하기

④ 상세하고 자세하게 말하기

17. 협상의 의미를 바르게 연결한 것은?

① 의사소통 차원의 협상-자신이 얻고자 하는 것을 가진 사람의 호의를 쟁취하기 위한 것에 관한 지식이며 노력의 분야이다.

② 갈등해결 차원의 협상-갈등관계에 있는 이해당사자들이 대화를 통해서 갈등을 해결하고자 하는 상호작용과정이다.

③ 지식과 노력 차원의 협상-이해당사자들이 자신들의 욕구를 충족시키기 위해 상대로부터 최선의 것을 얻어내기 위해 상대를 설득하는 커뮤니케이션 과정이다.

④ 의사결정 차원의 협상-둘 이상의 이해당사자들이 여러 대안들 가운데 이해당사자들의 찬반을 통해 다수의 의견이 몰아지는 대안을 선택하는 의사결정과정이다.

18. **중소기업 구매과에 근무하는 K씨는 ㅇㅇ기업으로부터 부품을 구매하는 역할을 담당하고 있다. K씨가 다니는 기업은 늘 ㅇㅇ기업으로부터 가장 중요한 부품인 트랜스미션을 개당 2,000원에 구입해오고 있었다. 그러던 어느 날 ㅇㅇ기업이 개당 가격을 3,000원으로 올린다는 결정문을 팩스로 통보하였다. 이에 K씨는 단기적으로는 우리가 손해를 보더라도 장기적으로 ㅇㅇ기업과의 관계로 보아 받아들이는 것이 낫다고 결정하였다. 다음에서 K씨가 사용한 협상전략은?**

① 회피전략　　② 강압전략

③ 유화전략　　④ 협력전략

19. **사람이 살다보면 여러 사람들과 자동차에 동석하게 되는 경우가 많다. 아래 내용은 자동차 승차 시의 상석에 관한 것이다. 내용을 읽고 가장 바르지 않은 것을 고르면?**

나보다 나이가 많은 어른이나 직장 상사와 차를 탈 때, 식당에서 밥을 먹을 때 어디에 앉아야 하나 고민한 적 한 번쯤 있을 것이다. ① 먼저 승용차의 경우 운전기사가 있을 때는 조수석 바로 뒷자리가 상석이다. ② 지프나 SUV 차량은 운전석 옆의 조수석 뒷자리가 상석이다. ③ 자가운전을 할 때는 조수석이 상석이다. ④ 상사나 선배, 어르신이 운전할 때는 운전자 옆 좌석에 앉는 게 자리예절이다.

① 운전기사가 있을 경우는 대각선 방향의 뒷자리가 상석이 된다.

② Jeep류의 차종인 경우 (문이 2개)에는 운전석의 뒷자리가 상석이 된다.

③ 자가용의 차주가 직접 운전을 할 시에 운전자의 오른 좌석에 나란히 앉아 주는 것이 매너이다.

④ 윗사람이 운전할 시에는 그 옆자리에 앉는 것이 매너이다.

20. **업무를 수행하다 보면 비즈니스 상으로 만나는 경우에 선물을 할 일이 생기게 마련이다. 다음 중 중국의 선물 에티켓에 대한 내용으로 적절하지 않은 것을 고르면?**

① 우산은 이별의 말뜻이 비슷하기 때문에 선물하지 않는 것이 좋다.

② 선물을 세 번 정도는 거절하는 것이 매너라 생각하므로 계속 권한다.

③ 축의금은 홀수, 부의금은 짝수로 낸다.

④ 죽음과 관련한 것 (황새와 두루미, 짚신 및 시계, 검은색, 흰색, 파란색 등이 많이 들어간 물건)을 선물하는 것은 좋지 않다.

21. **다음 대화를 보고 이과장은 협상의 5단계 중 어느 단계에 해당하는지 바르게 고르면?**

> 김실장 : 이과장, 출장 다녀오느라 고생했네.
> 이과장 : 아닙니다. KTX 덕분에 금방 다녀왔습니다.
> 김실장 : 그래, 다행이군. 오늘 협상은 잘 진행되었나?
> 이과장 : 그게 말입니다. 실장님. 오늘 협상을 진행하다가 새로운 사실을 알게 됐습니다.
> 민원인측이 지금껏 주장했던 고가차도 건립계획 철회는 표면적 요구사항이었던 것 같습니다. 오늘 장시간 상대방 측 대표들과 이야기를 나누면서 고가차도 건립 자체보다 그로인한 초등학교 예정부지의 이전, 공사 및 도로 소음 발생, 그리고 녹지 감소가 실질적 불만이라는 걸 알게 되었습니다. 고가차도 건립을 계획대로 추진하면서 초등학교의 건립 예정지를 현행유지하고, 3중 방음시설 설치, 아파트 주변 녹지 조성 계획을 제시하면 충분히 협상을 진척시킬 수 있을 것 같습니다.

① 협상시작단계
② 상호이해단계
③ 실질이해단계
④ 해결대안단계

22. **김대리는 사내 교육 중 하나인 리더십 교육을 들은 후 관련 내용을 다음과 같이 정리하였다. 다음 제시된 내용을 보고 잘못 정리한 부분은?**

임파워먼트	
개념	• 리더십이 핵심 개념 중 하나, '권한 위임'이라고 할 수 있음 • ㉠ <u>조직 구성원들을 신뢰하고 그들의 잠재력을 믿으며, 그 잠재력의 개발을 통해 고성과 조직이 되도록 하는 일련의 행위</u> • 권한을 위임받았다고 인식하는 순간부터 직원들의 업무효율성은 높아짐
충족 기준	• 여건의 조성 : 임파워먼트는 사람들이 자유롭게 참여하고 기여할 수 있는 일련의 여건들을 조성하는 것 • ㉡ <u>재능과 에너지의 극대화 : 임파워먼트는 사람들의 재능과 욕망을 최대한으로 활용할 뿐만 아니라, 나아가 확대할 수 있도록 하는 것</u> • 명확하고 의미 있는 목적에 초점 : 임파워먼트는 사람들이 분명하고 의미 있는 목적과 사명을 위해 최대의 노력을 발휘하도록 해주는 것
여건	• 도전적이고 흥미 있는 일 • 학습과 성장의 기회 • ㉢ <u>높은 성과와 지속적인 개선을 가져오는 요인들에 대한 통제</u> • 성과에 대한 지식 • 긍정적인 인간관계 • 개인들이 공헌하여 만족한다는 느낌 • 상부로부터의 지원
장애 요인	• 개인 차원 : 주어진 일을 해내는 역량의 결여, 동기의 결여, 결의의 부족, 책임감 부족, 의존성 • ㉣ <u>대인 차원 : 다른 사람과의 성실성 결여, 약속 불이행, 성과를 제한하는 조직의 규범, 갈등처리 능력 부족, 제한된 정책과 절차</u> • 관리 차원 : 통제적 리더십 스타일, 효과적 리더십 발휘 능력 결여, 경험 부족, 정책 및 기획의 실행 능력 결여, 비전의 효과적 전달 능력 결여 • 조직 차원 : 공감대 형성이 없는 구조와 시스템

① ㉠
② ㉡
③ ㉢
④ ㉣

23. 배우자의 출산을 이유로 휴가 중인 공사원의 일을 귀하가 임시로 맡게 되었다. 그러나 막상 일을 맡고 보니 공사원이 급하게 휴가를 가게 된 바람에 인수인계 자료를 전혀 받지 못해 일을 진행하기 어려운 상황이다. 이때 귀하가 취해야 할 행동으로 가장 적절한 것은?

① 일을 미뤄 뒀다가 공사원이 휴가에서 복귀하면 맡긴다.

② 공사원에게 인수인계를 받지 못해 업무를 할 수 없다고 솔직하게 상사에게 말한다.

③ 최대한 할 수 있는 일을 대신 처리하고 모르는 업무는 공사원에게 전화로 물어본다.

④ 아는 일은 우선 처리하고, 모르는 일은 다른 직원에게 확인한 후 처리한다.

24. 귀하는 여러 명의 팀원을 관리하고 있는 팀장이다. 입사한 지 3개월 된 신입사원인 K사원의 업무 내용을 확인하던 중 K사원이 업무를 효율적으로 진행하지 않아 K사원의 업무 수행이 팀 전체의 성과로 이어지지 못하고 있다는 사실을 알게 되었다. 이때 귀하가 K사원에게 해 줄 조언으로 적절하지 않은 것은?

① 업무를 진행하는 과정에서 어려움이 있다면 팀 내에서 역할 모델을 설정한 후에 업무를 진행해 보는 건 어떨까요.

② 업무 내용을 보니 묶어서 처리해도 되는 업무를 모두 구분해서 다른 날 진행했던데 묶어서 진행할 수 있는 건 같이 처리하도록 하세요.

③ 팀에서 업무를 진행할 때 따르고 있는 업무 지침을 꼼꼼히 확인하고 그에 따라서 처리하다보면 업무를 효율적으로 진행할 수 있을 거예요.

④ 업무 성과가 효과적으로 높아지지 않는 것 같은 땐 최대한 다른 팀원과 같은 방식으로 일하려고 노력하는 게 좋을 것 같아요.

25. **(주)서원각 인사팀에 근무하고 있는 김 대리는 팀워크와 관련된 신입사원 교육을 진행하였다. 교육이 끝나고 교육을 수강한 신입사원들에게 하나의 상황을 제시한 후, 교육 내용을 토대로 주어진 상황에 대해 이해한 바를 발표하도록 하였다. 김 대리가 제시한 상황과 이를 이해한 신입사원들의 발표 내용 중 일부가 다음과 같을 때, 교육 내용을 잘못 이해한 사람은 누구인가?**

〈제시된 상황〉

입사한 지 2개월이 된 강사원은 요즘 고민이 많다. 같은 팀 사람들과 업무를 진행함에 있어 어려움을 겪고 있기 때문이다. 각각의 팀원들이 가지고 있는 능력이나 개인의 역량은 우수한 편이다. 그러나 팀원들 모두 자신의 업무를 수행하는 데는 열정적이지만, 공동의 목적을 달성하기 위해 업무를 수행하다 보면 팀원들의 강점은 드러나지 않으며, 팀원들은 다른 사람의 업무에 관심이 없다. 팀원들이 자기 자신의 업무를 훌륭히 해낼 줄 안다면 팀워크 또한 좋을 것이라고 생각했던 강사원은 혼란을 겪고 있다.

이영자 : 강사원의 팀은 팀원들의 강점을 잘 인식하고 이를 활용하는 방법을 찾는 것이 중요할 것 같습니다. 팀원들의 강점을 잘 활용한다면 강사원뿐만 아니라 팀원들 모두가 공동의 목적을 달성하는 데 대한 자신감을 갖게 될 것입니다.

최화정 : 팀원들이 개인의 업무에만 관심을 갖는 것은 문제가 있습니다. 개인의 업무 외에도 업무지원, 피드백, 동기부여를 위해 서로의 업무에 관심을 갖고 서로에게 의존하는 것이 중요합니다.

송은이 : 강사원의 팀은 팀워크가 많이 부족한 것 같습니다. 팀원들로 하여금 집단에 머물도록 만들고, 팀의 구성원으로서 계속 남아 있기를 원하게 만드는 팀워크를 키우는 것이 중요합니다.

김수기 : 강사원이 속해 있는 팀의 구성원들은 팀의 에너지를 최대로 활용하지 못하는 것 같습니다. 각자의 역할과 책임을 다함과 동시에 서로 협력할 줄 알아야 합니다.

박미선 : 강사원의 팀은 협력, 통제, 자율 세 가지 기제에 따른 팀 내 적합한 팀워크의 유형을 파악하여 팀워크를 향상시키기 위해 노력할 필요가 있습니다.

① 이영자 ② 최화정
③ 송은이 ④ 김수기

절 취 선

코레일네트웍스

성 명

(자 필 성 명)

생 년 월 일

⓪	⓪	⓪	⓪	⓪	⓪	⓪	⓪
①	①	①	①	①	①	①	①
②	②	②	②	②	②	②	②
③	③	③	③	③	③	③	③
④	④	④	④	④	④	④	④
⑤	⑤	⑤	⑤	⑤	⑤	⑤	⑤
⑥	⑥	⑥	⑥	⑥	⑥	⑥	⑥
⑦	⑦	⑦	⑦	⑦	⑦	⑦	⑦
⑧	⑧	⑧	⑧	⑧	⑧	⑧	⑧
⑨	⑨	⑨	⑨	⑨	⑨	⑨	⑨

1	① ② ③ ④	21	① ② ③ ④
2	① ② ③ ④	22	① ② ③ ④
3	① ② ③ ④	23	① ② ③ ④
4	① ② ③ ④	24	① ② ③ ④
5	① ② ③ ④	25	① ② ③ ④
6	① ② ③ ④		
7	① ② ③ ④		
8	① ② ③ ④		
9	① ② ③ ④		
10	① ② ③ ④		
11	① ② ③ ④		
12	① ② ③ ④		
13	① ② ③ ④		
14	① ② ③ ④		
15	① ② ③ ④		
16	① ② ③ ④		
17	① ② ③ ④		
18	① ② ③ ④		
19	① ② ③ ④		
20	① ② ③ ④		

SEOWONGAK
(주)서원각

코레일네트웍스

필기시험 모의고사

- 정답 및 해설 -

(주)서원각

제1회 코레일네트웍스 필기시험 정답 및 해설

1	②	2	③	3	②	4	④	5	③
6	④	7	②	8	②	9	③	10	①
11	②	12	①	13	①	14	②	15	④
16	①	17	③	18	③	19	①	20	③
21	④	22	④	23	③	24	①	25	④

1 ②

② ㉡의 문장은 영리 기업과 사회적 기업을 비교하는 문장으로 주어진 문장을 변경하지 않는 것이 적절하다.

2 ③

주어진 자료의 분석 결과를 보면 친구와의 대화 정도와 게임 시간 정도를 비교하는 것으로 보아 게임 시간과 친구와의 대화정도를 비교하는 가설이 적절하다.

3 ②

② 주관기관, 참여기관 모두 대기업은 참여할 수 없다.

4 ④

④ '부과'는 세금이나 부담금 따위를 매기어 부담하게 한다는 의미로 賦課로 쓴다.

① 선언(宣言) : 널리 펴서 말함. 또는 그런 내용.

② 제정(制定) : 제도나 법률 따위를 만들어서 정함.

③ 위배(違背) : 법률, 명령, 약속 따위를 지키지 않고 어김.

5 ③

1천만 원 이상의 과태료가 내려지게 되면 공표 조치의 대상이 되나, 모든 공표 조치 대상자들이 과태료를 1천만 원 이상 납부해야 하는 것은 아니다. 과태료 금액에 의한 공표 대상자 이외에도 공표 대상에 포함될 경우가 있으므로 반드시 1천만 원 이상의 과태료가 공표 대상자에게 부과된다고 볼 수는 없다.

① 행정처분의 종류를 처분 강도에 따라 구분하였으며, 이에 따라 가장 무거운 조치가 공표인 것으로 판단할 수 있다.

6 ④

주어진 조건에 따라 범인을 가정하여 진술을 판단하면 다음과 같다.

〈사건 1〉

진술 \ 범인	가인	나은	다영
가인	거짓	참	참
나은	참	참	거짓
다영	거짓	거짓	참

〈사건 2〉

진술 \ 범인	라희	마준	바은
라희	거짓	참	참
마준	거짓	참	참
바은	거짓	거짓	참

따라서 〈사건 1〉의 범인은 가인, 〈사건 2〉의 범인은 라희이다.

7 ②

② C와 E는 4회차까지 4장, 5장의 카드를 확보했다. C가 5회차에 2장의 카드를 추가하게 되면 6장으로 4회차의 E보다는 카드가 많지만 E가 5회차에 8점 이상의 점수를 획득할 경우 E의 카드는 6장 이상이 되므로 C가 E보다 추천될 확률이 높다고 할 수 없다.

① 5회차에서 B만 10점을 받는다고 했으므로 D가 9점을 받더라도 B가 추천될 확률이 더 높다.

③ D는 5회차 점수와 상관없이 총점이 40점을 넘지 못하여 추첨함에 카드를 넣을 수 없다.

④ 5회차에 모두 같은 점수를 받는다면 전원이 추가되는 카드 수가 같으므로 4회차까지 획득한 카드의 수가 가장 많은 A가 추천될 확률이 가장 높다.

8 ②

② 관리팀의 예산이 감축되면 영업팀과 디자인팀의 예산이 감축되지 않고 ㉣에 따라 총무팀, 기획팀의 예산이 감축된다. ㉢의 대우 명제 '기획팀 예산이 감축되지 않으면 인사팀이나 디자인팀의 예산이 감축되지 않는다'는 참이지만 기획팀의 예산이 감축될 것이므로 옳지 않다.

① 기획팀과 영업팀의 예산이 감축되면 ㉣에 따라 총무팀은 예산이 감축되지 않고 ㉡의 대우 명제인 '영업팀이나 디자인팀의 예산이 감축되면 관리팀의 예산이 감축되지 않는다'에 따라 관리팀의 예산도 감축되지 않는다.

③ 총무팀의 예산이 감축될 경우 조건 ㉠의 대우 명제에 따라 금융팀의 예산은 감축되지 않는다.

④ 관리팀의 예산이 감축되면 영업팀과 디자인팀의 예산이 감축되지 않고 ㉣에 따라 총무팀, 기획팀의 예산이 감축된다.

9 ③

영주는 중위소득이 40%라고 했으므로 보수비용의 80%를 지원 받을 수 있다. 영주의 집은 지붕보수가 필요하며 보수비용은 950만 원이며 여기에 80%인 760만 원을 지원받을 수 있다.

10 ①

① 새로운 경쟁사들이 시장에 진입할 가능성은 경쟁사(Competitor) 분석에 들어가야 할 질문이다.

11 ②

클라우드 컴퓨팅이란 인터넷을 통해 제공되는 서버를 활용해 정보를 보관하고 있다가 필요할 때 꺼내 쓰는 기술을 말한다. 따라서 클라우드 컴퓨팅의 핵심은 데이터의 저장·처리·네트워킹 및 다양한 어플리케이션 사용 등 IT 관련 서비스를 인터넷과 같은 네트워크를 기반으로 제공하는데 있어, 정보의 보관 분야에 있어 획기적인 컴퓨팅 기술이라고 할 수 있다.

12 ①

데이터의 구성단위는 큰 단위부터 Database → File → Record → Field → Word → Byte(8Bit) → Nibble(4Bit) → Bit의 순이다. Bit는 자료를 나타내는 최소의 단위이며, Byte는 문자 표현의 최소 단위로 1Byte = 8Bit이다.

13 ①

(가) RFID : IC칩과 무선을 통해 식품 · 동물 · 사물 등 다양한 개체의 정보를 관리할 수 있는 인식 기술을 지칭한다. '전자태그' 혹은 '스마트 태그', '전자 라벨', '무선식별' 등으로 불린다. 이를 기업의 제품에 활용할 경우 생산에서 판매에 이르는 전 과정의 정보를 초소형 칩(IC칩)에 내장시켜 이를 무선주파수로 추적할 수 있다.

(나) 유비쿼터스 : 유비쿼터스는 '언제 어디에나 존재한다.'는 뜻의 라틴어로, 사용자가 컴퓨터나 네트워크를 의식하지 않고 장소에 상관없이 자유롭게 네트워크에 접속할 수 있는 환경을 말한다.

(다) VoIP : VoIP(Voice over Internet Protocol)는 IP 주소를 사용하는 네트워크를 통해 음성을 디지털 패킷(데이터 전송의 최소 단위)으로 변환하고 전송하는 기술이다. 다른 말로 인터넷전화라고 부르며, 'IP 텔레포니' 혹은 '인터넷 텔레포니'라고도 한다.

14 ②

2024년 7월 30일 제조 : 240730
계열사 I의 발효 라인 : 1B
에센스 100mL : 02005
76,210개 제조 : 76210
∴ LOT 1407301B0200576210

15 ④

'$'는 다음에 오는 셀 기호를 고정값으로 묶어 두는 기능을 하게 된다.

(A) : A6 셀을 복사하여 C6 셀에 붙이게 되면, 'A'셀이 고정값으로 묶여 있어 (A)에는 A6 셀과 같은 'A1+$A2'의 값 10이 입력된다.

(B) : (B)에는 '$'로 묶여 있지 않은 2행의 값 대신에 4행의 값이 대응될 것이다. 따라서 'A1+$A4'의 값인 9가 입력된다.

따라서 (A)와 (B)의 합은 10+9=19가 된다.

16 ①

② 가격을 낮추어 기타 업체들과 경쟁하는 전략으로 WO 전략에 해당한다.
③ 위협을 회피하고 약점을 최소화하는 WT전략에 해당한다.
④ 정부의 지원이라는 기회를 활용하여 약점을 극복하는 WO전략에 해당한다.

17 ③

①③ 업체 간의 업무 제휴라는 기회를 통해 약점을 극복한 WO전략에 해당한다.

② IT기술과 전자상거래 기술 발달이라는 기회를 통해 약점을 극복한 WO전략에 해당한다.

④ 강점을 이용하여 위협을 회피하는 ST전략에 해당한다.

18 ③

위 조직은 사업부제 조직구조를 나타내고 있다. ③번은 프로젝트 조직을 설명하고 있다.

19 ①

① 조직목표는 공식적 목표와 실제적 목표가 다를 수 있다.

20 ③

③ 조직문화는 조직구성원들의 행동지침으로 일탈행동을 통제하는 기능이 있다.

21 ④

최 사장은 공장장 교체 요구를 철회시켜 자신에게 믿음을 보여 준 직원을 계속 유지시킬 수 있었고, 노조 측은 처우 개선과 임금 인상 요구를 관철시켰으므로 'win-win'하였다고 볼 수 있다. 통합형은 협력형(collaborating)이라고도 하는데, 자신은 물론 상대방에 대한 관심이 모두 높은 경우로서 '나도 이기고 너도 이기는 방법(win-win)'을 말한다. 이 방법은 문제해결을 위하여 서로 간에 정보를 교환하면서 모두의 목표를 달성할 수 있는 윈윈 해법을 찾는다. 아울러 서로의 차이를 인정하고 배려하는 신뢰감과 공개적인 대화를 필요로 한다. 통합형이 가장 바람직한 갈등해결 유형이라 할 수 있다.

22 ④

리더는 부하직원들이 친숙하고 위험요소가 전혀 없는 안전지대에서 벗어나 더욱 높은 목표를 향해 나아가도록 격려해야 한다. 위험을 감수해야 할 합리적이고 실현가능한 목표가 있다면 직원들은 기꺼이 변화를 향해 나아갈 것이다. 한편, 리더의 동기부여 방법은 다음과 같은 것들이 있다.

- 긍정적 강화법을 활용한다.
- 새로운 도전의 기회를 제공한다.
- 창의적인 문제해결법을 찾는다.
- 책임감으로 철저히 무장한다.
- 코칭을 한다.
- 변화를 두려워하지 않는다.
- 지속적으로 교육한다.

23 ③

협상은 보통 '협상 시작' → '상호 이해' → '실질 이해' → '해결 대안' → '합의 문서'의 다섯 단계로 구분한다. 제시된 〈보기〉는 각각 다음과 같은 단계로 구분해 볼 수 있다.

㈎ 합의 문서 ㈏ 해결 대안 ㈐ 실질 이해 ㈑ 상호 이해

24 ①

높은 성과를 내는 임파워먼트 환경의 특징

- 도전적이고 흥미 있는 일
- 학습과 성장의 기회
- 높은 성과와 지속적인 개선을 가져오는 요인들에 대한 통제
- 성과에 대한 지식
- 긍정적인 인간관계
- 개인들이 공헌하며 만족한다는 느낌
- 상부로부터의 지원

25 ④

성공적으로 운영되는 팀은 의견의 불일치를 바로바로 해소하고 방해요소를 미리 없애 혼란의 내분을 방지한다.

제2회 코레일네트웍스 필기시험 정답 및 해설

1	④	2	②	3	②	4	③	5	④
6	③	7	④	8	④	9	②	10	①
11	③	12	③	13	④	14	③	15	③
16	④	17	②	18	①	19	②	20	④
21	②	22	④	23	②	24	②	25	②

1 ④

토론의 주제는 찬성과 반대로 뚜렷하게 나뉘어 질 수 있는 주제가 좋다. 위 토론의 주제는 찬성(전교생을 대상으로 무료급식을 시행해야 한다.)과 반대(전교생을 대상으로 무료급식을 시행해서는 안 된다.)로 뚜렷하게 나뉘어지므로 옳은 주제라 할 수 있다.

2 ②

甲은 사랑의 도시락 배달에 대한 정보를 얻기 위해 乙과 면담을 하고 있다. 그러므로 ㉡은 면담의 목적에 대한 동의를 구하는 질문이 아니라 알고 싶은 정보를 얻기 위한 질문에 해당한다고 할 수 있다.

3 ②

합리적 의사결정의 조건으로 회의에서 논의된 내용이 투명하게 공개되어야 한다는 조건을 명시하고 있으나, ㉠과 ㉢에서는 비공개주의를 원칙으로 하고 있기 때문에 조건에 위배된다.

4 ③

① 減少(감소) : 양이나 수치가 줆
② 納品(납품) : 계약한 곳에 주문받은 물품을 가져다 줌
④ 支出(지출) : 어떤 목적을 위하여 돈을 지급하는 일

5 ④

어떤 기회를 이용해서 감사나 사과의 의미를 전달할 때는 '이 자리를 빌려서 감사드린다.'라는 표현을 쓰는 것이 적절하다.

※ 빌다 vs 빌리다

㉠ 빌다
- 바라는 바를 이루게 하여 달라고 신이나 사람, 사물 따위에 간청하다.
- 잘못을 용서하여 달라고 호소하다.
- 생각한 대로 이루어지길 바라다.

㉡ 빌리다
- 남의 물건이나 돈 따위를 나중에 도로 돌려주거나 대가를 갚기로 하고 얼마 동안 쓰다.
- 남의 도움을 받거나 사람이나 물건 따위를 믿고 기대다.
- 일정한 형식이나 이론, 또는 남의 말이나 글 따위를 취하여 따르다.

6 ③

〈보기〉에 주어진 조건대로 고정된 순서를 정리하면 다음과 같다.

- B 차장 > A 부장
- C 과장 > D 대리
- E 대리 > ? > ? > C 과장

따라서 E 대리 > ? > ? > C 과장 > D 대리의 순서가 성립되며, 이 상태에서 경우의 수를 따져보면 다음과 같다.

㉠ B 차장이 첫 번째인 경우라면, 세 번째와 네 번째는 A 부장과 F 사원(또는 F 사원과 A 부장)이 된다.

- B 차장 > E 대리 > A 부장 > F 사원 > C 과장 > D 대리
- B 차장 > E 대리 > F 사원 > A 부장 > C 과장 > D 대리

㉡ B 차장이 세 번째인 경우는 E 대리의 바로 다음인 경우와 C 과장의 바로 앞인 두 가지의 경우가 있을 수 있다.

- E 대리의 바로 다음인 경우 : F 사원 > E 대리 > B 차장 > A 부장 > C 과장 > D 대리
- C 과장의 바로 앞인 경우 : E 대리 > F 사원 > B 차장 > C 과장 > D 대리 > A 부장

따라서 위에서 정리된 바와 같이 가능한 네 가지의 경우에서 두 번째로 사회봉사활동을 갈 수 있는 사람은 E 대리와 F 사원 밖에 없다.

7 ④

주어진 조건을 보면 관리과와 재무과에는 반드시 각각 5급이 1명씩 배정되고, 총무과에는 6급 2명이 배정된다. 인원수를 따져보면 홍보과에는 5급을 배정할 수 없기 때문에 6급이 2명 배정된다. 6급 4명 중에 C와 D는 총무과에 배정되므로 홍보과에 배정되는 사람은 E와 F이다. 각 과별로 배정되는 사람을 정리하면 다음과 같다.

관리과	A
홍보과	E, F
재무과	B
총무과	C, D

8 ④

현수막을 제작하기 위해서는 라, 다, 마가 선행되어야 한다. 따라서 세미나 기본계획 수립(2일) + 세미나 발표자 선정(1일) + 세미나 장소 선정(3일) = 최소한 6일이 소요된다.

9 ②

각 작업에 걸리는 시간을 모두 더하면 총 11일이다.

10 ①

상사가 '다른 부분은 필요 없고, 어제 원유의 종류에 따라 전일 대비 각각 얼마씩 오르고 내렸는지 그 내용만 있으면 돼.'라고 하였다. 따라서 어제인 13일자 원유 가격을 종류별로 표시하고, 선일 대비 등락 폭을 한눈에 파악하기 쉽게 기호로 나타내 줘야 한다. 또한 '우리나라는 전국 단위만 표시하도록' 하였으므로 13일자 전국 휘발유와 전국 경유 가격을 마찬가지로 정리하면 ①과 같다.

11 ③

③ 매크로 보안 설정 사항으로는 모든 매크로 제외(알림 표시 없음), 모든 매크로 제외(알림 표시), 디지털 서명된 매크로만 포함 등이 있으며, '모든 매크로 포함'은 위험성 있는 코드가 실행될 수 있으므로 권장하지 않는다.

12 ③

파이어폭스는 미국의 모질라 재단이 출시한 오픈소스 기반의 인터넷 브라우저로, 탭을 이용한 브라우징과 커스텀이 가능한 내장 검색 바, 내장 RSS 리더 등의 여러 기술적 진보를 보여주며, 빠르고 안정적이다. 그러나 많은 국내 인터넷 사이트들이 인터넷 익스플로러(IE)의 액티브 X를 기반으로 운영되고 있어, 파이어폭스 등의 웹브라우저로는 정상적으로 인터넷 서비스를 이용하기 어려운 경우가 많고, 액티브 X 지원이 부족하다는 단점이 있다.

13 ④

Ctrl+Shift+;(세미콜론)키를 누르면 지금 시간이 입력된다. 오늘의 날짜는 Ctrl+;(세미콜론) 키를 눌러야 한다.

14 ③

정보를 분석함으로써 서로 상반되거나 큰 차이가 있는 정보의 내용을 판단하여 새로운 해석을 할 수 있다.

15 ③

CHOOSE 함수는 'CHOOSE(인수,값1,값2,...)'과 같이 표시하며, 인수의 번호에 해당하는 값을 구하게 된다. 다시 말해, 인수가 1이면 값1을, 인수가 2이면 값2를 선택하게 된다. 따라서 두 번째 인수인 B4가 해당되어 B2:B4의 합계를 구하게 되므로 정답은 267이 된다.

16 ④

반드시 모든 메일에 즉각적으로 대답할 필요는 없다. 하루 일과 중 메일을 확인하는 시간을 계획하여 처리하는 것이 바람직하다.

17 ②

② 국제 커뮤니케이션은 국가 간 커뮤니케이션으로 직업인이 자신의 일을 수행하는 가운데 문화배경을 달리하는 사람과 커뮤니케이션을 하는 것이 이문화 커뮤니케이션이다.

18 ①

② 미국사람과 악수를 할 때는 오른손으로 상대방의 오른손을 힘주어 잡았다 놓아야 한다.
③ 러시아와 라틴아메리카 사람들은 친밀함의 표시로 포옹을 하는 경우가 있다.
④ 동부 유럽이나 아랍지역 사람들에게 시간 약속은 형식적일 뿐이며 상대방이 당연히 기다려 줄 것으로 생각한다.

19 ②

조직 문화의 분류와 그 특징은 다음과 같은 표로 정리될 수 있다. ㈐와 같이 개인의 자율성을 추구하는 경우는 조직문화의 고유 기능과 거리가 멀다고 보아야 한다.

관계 지향 문화	• 조직 내 가족적인 분위기의 창출과 유지에 가장 큰 역점을 둠 • 조직 구성원들의 소속감, 상호 신뢰, 인화/단결 및 팀워크, 참여 등이 이 문화유형의 핵심가치로 자리 잡음
혁신 지향 문화	• 조직의 유연성을 강조하는 동시에 외부 환경에의 적응성에 초점을 둠 • 따라서 이러한 적응과 조직성장을 뒷받침할 수 있는 적절한 자원획득이 중요하고, 구성원들의 창의성 및 기업가정신이 핵심 가치로 강조됨
위계 지향 문화	• 조직 내부의 안정적이고 지속적인 통합/조정을 바탕으로 조직효율성을 추구함 • 이를 위해 분명한 위계질서와 명령계통, 그리고 공식적인 절차와 규칙을 중시하는 문화임
과업 지향 문화	• 조직의 성과 달성과 과업 수행에 있어서의 효율성을 강조함 • 따라서 명확한 조직목표의 설정을 강조하며, 합리적 목표 달성을 위한 수단으로서 구성원들의 전문능력을 중시하며, 구성원들 간의 경쟁을 주요 자극제로 활용함

20 ④

조직문화는 조직 내 집단 간 갈등에 영향을 미친다.

21 ②

①④ 의심형 불만고객에 대한 대응방안

③ 트집형 불만고객에 대한 대응방안

22 ④

④ 비전문가로부터 도움을 얻는다.

※ 고객만족을 측정하는데 있어 많은 사람들이 범하는 오류의 유형

㉠ 고객이 원하는 것을 알고 있다고 생각한다.

㉡ 적절한 측정 프로세스 없이 조사를 시작한다.

㉢ 비전문가로부터 도움을 얻는다.

㉣ 포괄적인 가치만을 질문한다.

㉤ 중요도 척도를 오용한다.

㉥ 모든 고객들이 동일한 수준의 서비스를 원하고 필요로 한다고 가정한다.

23 ②

'임파워먼트'란 조직성원들을 신뢰하고 그들의 잠재력을 믿으며 그 잠재력의 개발을 통해 High Performance 조직이 되도록 하는 일련의 행위를 말한다.

※ 높은 성과를 내는 임파워먼트 환경의 특징

㉠ 도전적이고 흥미 있는 일

㉡ 학습과 성장의 기회

㉢ 높은 성과와 지속적인 개선을 가져오는 요인들에 대한 통제

㉣ 성과에 대한 지식

㉤ 긍정적인 인간관계

㉥ 개인들이 공헌하며 만족한다는 느낌

㉦ 상부로부터의 지원

24 ②

② 순응형 멤버십에 대한 설명이다.

25 ②

양질의 의사결정을 내리기 위해 단편적인 질문이 아니라 여러 질문을 고려해야 한다.

제3회 코레일네트웍스 필기시험 정답 및 해설

1	④	2	④	3	③	4	①	5	④
6	④	7	①	8	②	9	④	10	②
11	②	12	③	13	①	14	③	15	④
16	②	17	④	18	②	19	③	20	④
21	④	22	①	23	①	24	①	25	②

1 ④

④ 기타사항에 3개월 인턴 후 평가(70점 이상)에 따라 정식 고용 여부를 결정한다고 명시되어 있다.

2 ④

제시된 글은 누구나 쉽게 정보를 생산하고 공유할 수 있는 소셜미디어의 장점이 부각된 기사로 ①②③의 보기들은 사례내용과 관련이 없다.

3 ③

주어진 대화는 소비자센터의 상담원과 반품문의를 물어보는 고객과의 일대일 면담으로 정보전달적 공식적 의사소통이다.

4 ①

상담원은 반품 문제에 대한 해결방안을 요구하는 고객에게 정확한 정보를 제공하여 전달하고 있다.

5 ④

④ 둘째 날은 따로 일정이 없으며 8시 30분에 뉴욕으로 떠난다.

① KE 086, OZ 222을 탔다는 내용을 보아 두 편의 항공기를 이용했음을 알 수 있다.

② 4시 30분부터 6시까지 인사동 관광이 예정되어 있다.

③ 12시부터 2시까지 이사와 Seoul Branch에서 오찬약속이 있다.

6 ④

㉠ a를 '을'팀이 맡는 경우 : 4개의 프로젝트를 맡은 팀이 2팀이라는 조건에 어긋난다. 따라서 a를 '을'팀이 맡을 수 없다.

갑	c, d, e	0 → 3개
을	a, b	1 → 3개
병		2 → 3개
정		2 → 3개
무		3 → 4개

㉡ f를 '갑'팀이 맡는 경우 : a, b를 '병'팀 혹은 '정'팀이 맡게 되는데 4개의 프로젝트를 맡은 팀이 2팀이라는 조건에 어긋난다. 따라서 f를 '갑'팀이 맡을 수 없다.

갑	f	0 → 1개
을	c, d, e	1 → 4개
병	a, b	2 → 4개
정		2 → 3개
무		3 → 4개

㉢ a, b를 '갑'팀이 맡는 경우 기존에 수행하던 프로젝트를 포함해서 2개의 프로젝트를 맡게 된다.

갑	a, b	0 → 2개
을	c, d, e	1 → 4개
병		2 → 3개
정		2 → 3개
무		3 → 4개

7 ①

甲~戊가 먹은 사탕을 정리하면 다음과 같다.

구분	甲	乙	丙	丁	戊
맛	사과 + 딸기	사과	포도 or 딸기	포도 or 딸기	포도
개수	2개	1개	1개	1개	1개

8 ②

② 시제품 B는 C에 비해 독창성 점수가 2점 높지만 총점은 같다. 따라서 옳지 않은 발언이다.

9 ④

가팀, 다팀을 연결하는 방법은 2가지가 있는데,
㉠ 가팀과 나팀, 나팀과 다팀 연결 : 3 + 1 = 4시간
㉡ 가팀과 다팀 연결 : 6시간
즉, 1안이 더 적게 걸리므로 4시간이 답이 된다.

10 ②

다팀, 마팀을 연결하는 방법은 2가지가 있는데,
㉠ 다팀과 라팀, 라팀과 마팀 연결 : 3 + 1 = 4시간
㉡ 다팀과 마팀 연결 : 2시간
즉, 2안이 더 적게 걸리므로 2시간이 답이 된다.

11 ②

	DRAM	SRAM
가격	저가	고가
재충전	재충전 필요	필요없음
속도	느림	빠름
용도	주기억장치	캐시메모리
집적도	크다	낮다

12 ③

① 중앙처리장치와 주기억장치 사이에 있는 메모리로 중앙처리장치의 동작과 동등한 속도로 접근할 수 있다.
② 기억된 데이터의 내용에 의해 접근하는 기억장치이며, 일명 내용지정메모리라 하기도 한다.
④ 컴퓨터로 처리된 결과를 문자, 숫자, 도형 등 사람이 인식할 수 있는 다양한 형태로 변환해 주는 장치

13 ①

② 바이트(Byte) : 하나의 문자, 숫자, 기호의 단위로 8Bit의 모임

③ 레코드(Record) : 하나 이상의 필드가 모여 구성되는 프로그램 처리의 기본 단위

④ 데이터베이스(Database) : 자료의 중복을 배제하고 검색과 갱신이 효율적으로 구성된 통합 데이터의 집합

14 ③

디도스(DDoS)는 분산 서비스 거부 공격으로, 특정 사이트에 오버 플로우를 일으켜서 시스템이 서비스를 거부하도록 만드는 것이다. 한편, 보기에 제시된 설명은 '트로이 목마'를 의미하는 내용이다.

15 ④

개인정보 유출방지 방법

㉠ 회원가입 시 이용약관을 반드시 읽어야 한다.

㉡ 이용 목적에 부합하는 정보를 요구하는 확인하여야 한다.

㉢ 비밀번호는 정기적으로 자주 교체하여야 한다.

㉣ 정체가 불분명한 사이트는 가입을 절제하여야 한다.

㉤ 가입 해지시 정보의 파기 여부를 확인하여야 한다.

㉥ 생년월일, 전화번호 등 쉽게 유추할 수 있는 비밀번호는 사용하지 말아야 한다.

16 ②

조직을 가로로 구분하는 것을 직급이라 하며, 업무를 배정하면 조직을 세로로 구분하게 된다.

17 ④

조직구성원으로서 가져야 할 상식

㉠ 공동의 목표에 대한 인식

㉡ 조직의 가치관을 공유

㉢ 구성원 서로에 대한 배려와 존중

㉣ 넉넉한 업무분장의 자세

18 ②

유기적 조직 … 의사결정권한이 조직의 하부구성원들에게 많이 위임되어 있으며 업무 또한 고정되지 않고 공유 가능한 조직이다. 유기적 조직에서는 비공식적인 상호의사소통이 원활히 이루어지며, 규제나 통제의 정도가 낮아 변화에 따라 쉽게 변할 수 있는 특징을 가진다.

19 ③

③ 전략변화는 조직의 경영과 관계되며 조직의 목적을 달성하고 효율성을 높이기 위해 조직구조, 경영방식, 각종 시스템 등을 개선하는 것을 말한다.

20 ④

잔을 부딪치는 것은 무엇인가를 축하하거나 기뻐할 때 행하는 의식이다. 그렇기 때문에 장례식장에서는 잔을 부딪치거나 구호를 외치는 일 없이 고인과 상주를 위로하는 마음으로 마시는 것이 좋다. 특히, 빈소에서는 술잔을 부딪치는 행위를 해서는 안 되는데, 빈소 조문 시는 엄숙한 자리이기 때문에 술잔을 부딪치는 행위를 해서는 안 된다.

21 ④

갈등의 진행과정은 '의견 불일치 – 대결국면 – 격화 국면 – 진정 국면 – 갈등의 해소'의 단계를 거친다.

22 ①

② 독재자 유형
③ 민주주의 유형
④ 파트너십 유형

23 ①

팀워크의 촉진 방법
㉠ 동료 피드백 장려하기
㉡ 갈등 해결하기
㉢ 창의력 조성을 위해 협력하기
㉣ 참여적으로 의사결정하기

24 ①

② 거래적 리더십 : 리더가 부하들과 맺은 거래적 계약관계에 기반을 두고 영향력을 발휘하는 리더십
③ 카리스마 리더십 : 자기 자신과 부하들에 대한 극단적인 신뢰, 이들을 완전히 장악하는 거대한 존재감, 그리고 명확한 비전을 가지고 일단 결정된 사항에 대해서는 절대로 흔들리지 않는 확신을 가지는 리더십
④ 서번트 리더십 : 타인을 위한 봉사에 초점을 두고 종업원과 고객의 커뮤니티를 우선으로 그들의 욕구를 만족시키기 위해 헌신하는 리더십

25 ②

② 자아인식능력은 자기개발능력을 구성하는 하위능력 중에 하나이다.
※ 대인관계능력을 구성하는 하위능력
㉠ 팀워크능력
㉡ 리더십능력
㉢ 갈등관리능력
㉣ 협상능력
㉤ 고객서비스능력

제4회 코레일네트웍스 필기시험 정답 및 해설

1	③	2	④	3	②	4	④	5	④
6	④	7	①	8	③	9	③	10	③
11	③	12	②	13	③	14	③	15	④
16	②	17	②	18	④	19	④	20	④
21	③	22	④	23	①	24	④	25	③

1 ③

③ 지난 시즌이라고만 명시했지 구체적으로 언제 발간했는지 밝혀지지 않았다.

2 ④

제시된 글들은 모두 상황이나 어법에 맞지 않는 표현을 사용한 것이다. 상황에 따라 존대어, 겸양어를 적절히 사용하고 의미가 분명하게 드러나도록 어법에 맞는 적절한 언어표현이 필요하다.

3 ②

① 커피 좀 드릴까요?

② 바꿔드리겠습니다.

③ 화장실 다녀올게요.

④ 늦지 마세요.

「Mr. Lee : KIM 박사님! 오랜만에 통화하는군요.

Secretary : 실례지만 누구시죠?

Mr. Lee : 오! 죄송합니다. 저는 ABC 제약회사에 Lee입니다. KIM 박사님과 통화하고 싶습니다.

Secretary : 잠깐만요. 바꿔드릴게요.

(잠시 후)

Secretary : 죄송합니다만, 그는 자리에 계시지 않습니다. 메모 남기시겠습니까?

Mr. Lee : 저한테 전화가 왔었다고 전해 주세요.」

4 ④

① 캡슐 커피라는 신제품을 통해 경쟁의 축을 바꿈으로써 시장을 선도하였다.

② 전체적인 구조조정을 통한 원가 혁신을 단행했다.

③ 시계를 패션 아이템으로 차별화하였다.

5 ④

밑줄 친 '늘리고'는 '시간이나 기간이 길어지다.'의 뜻으로 쓰였다. 따라서 이와 의미가 동일하게 쓰인 것은 ④이다.

① 물체의 넓이, 부피 따위를 본디보다 커지게 하다.

② 살림이 넉넉해지다.

③ 힘이나 기운, 세력 따위가 이전보다 큰 상태가 되다.

6 ④

문제 지문과 조건으로 보아 가, 다의 자리는 정해져 있다.

가	다			

나는 라와 마 사이에 있으므로 다음과 같이 두 가지 경우가 있을 수 있다.

라	나	마

마	나	라

따라서 가가 맨 왼쪽에 서 있을 때, 나는 네 번째에 서 있게 된다.

7 ①

① 乙과 甲, 乙과 丙이 '동갑' 관계이고 甲과 丙이 '위아래' 관계이므로 甲, 乙, 丙의 관계는 '모호'하다.

8 ③

㉠ a = b = c = d = 25라면, 1시간당 수송해야 하는 관객의 수는 40,000 × 0.25 = 10,000명이다. 버스는 한 번에 대당 최대 40명의 관객을 수송하고 1시간에 10번 수송 가능하므로, 1시간 동안 1대의 버스가 수송할 수 있는 관객의 수는 400명이다. 따라서 10,000명의 관객을 수송하기 위해서는 최소 25대의 버스가 필요하다.

㉡ d = 40이라면, 공연 시작 1시간 전에 기차역에 도착하는 관객의 수는 16,000명이다. 16,000명을 1시간 동안 모두 수송하기 위해서는 최소 40대의 버스가 필요하다.

㉢ 공연이 끝난 후 2시간 이내에 전체 관객을 공연장에서 기차역까지 수송하려면 시간당 20,000명의 관객을 수송해야 한다. 따라서 회사에게 필요한 버스는 최소 50대이다.

9 ③

지원 구분에 따르면 모친상과 같은 경조사는 경조사 지원에 포함되어야 한다. 따라서 F의 구분이 잘못되었다.

10 ③

③ 2025년 변경된 사내 복지 제도에 따르면 1인 가구 사원에게는 가~사 총 7동 중 가~다동이 지원된다.

11 ③

'#NULL!'은 교차하지 않은 두 영역의 교차점을 참조 영역으로 지정하였을 경우 발생하는 오류 메시지이며, 잘못된 인수나 피연산자를 사용했을 경우 발생하는 오류 메시지는 #VALUE!이다.

12 ②

실수인 경우 채우기 핸들을 이용한 [연속 데이터 채우기]의 결과는 일의 자리 숫자가 1씩 증가한다.

13 ③

정보분석의 절차

분석과제의 발생 → 과제(요구)의 분석 → 조사항목의 선정 → 관련 정보의 수집 → 기존 및 신규 자료의 조사 → 수집정보의 분류 → 항목별 분석 → 종합 · 결론 → 활용 · 정리

14 ③

[계열 옵션] 탭에서 '계열 겹치기' 값을 입력하거나 막대 바를 이동시키면 된다.

15 ④

[B3:B5] 영역을 선택하면 워크시트의 이름 상자 '품__명'이라는 이름이 표시되며, 이름은 공백을 가질 수 없다.

16 ②

브레인스토밍 기법은 아이디어의 질보다 양에 초점을 맞춘 것으로서 집단 구성원들은 즉각적으로 생각나는 아이디어를 제시할 수 있으며, 그로 인해 브레인스토밍은 다량의 아이디어를 도출해낼 수 있다. 또한, 구성원들은 자신이 가지고 있던 기존 아이디어를 개선해 더욱 더 발전된 형태의 아이디어를 창출할 수 있는데, 이는 다른 사람의 의견을 참고해서 창의적으로 조합할 수 있기 때문이다.

17 ②

관리자는 '어떻게 할까'에 초점을 맞추나 리더는 '무엇을 할까'에 초점을 맞춘다. 즉, 관리자는 '올바르게 하는 것'에 주안점을 두는 대신 리더는 '올바른 일을 한다.'는 것에 중점을 둔다.

18 ④

변혁적 리더십은 조직구성원들로 하여금 리더에 대한 신뢰를 갖게 하는 카리스마는 물론, 조직변화의 필요성을 감지하고 그러한 변화를 이끌어 낼 수 있는 새로운 비전을 제시할 수 있는 능력이 요구되는 리더십이다.

19 ④

외적인 동기유발제는 일시적으로 효과를 낼 수는 있으나 그 효과가 오래가지는 못한다. 조직원들이 지속적으로 자신의 잠재력을 발휘하도록 만들기 위해서는 외적인 동기유발 그 이상의 것을 제공해야 한다.

20 ④

코칭은 명령을 내리거나 지시를 내리는 것보다 많은 시간이 걸리고 인내가 필요한 활동이다.

21 ③

① 의사소통능력

② 자기개발능력

④ 문제해결능력

22 ④

동기부여 방법

㉠ 긍정적 강화법을 활용한다.

㉡ 새로운 도전의 기회를 부여한다.

㉢ 창의적인 문제해결법을 찾는다.

㉣ 책임감으로 철저히 무장한다.

㉤ 몇 가지 코칭을 한다.

㉥ 변화를 두려워하지 않는다.

㉦ 지속적으로 교육한다.

23 ①

대인관계 향상 방법

㉠ 상대방에 대한 이해심

㉡ 사소한 일에 대한 관심

㉢ 약속의 이행

㉣ 기대의 명확화

㉤ 언행일치

㉥ 진지한 사과

24 ④

고객만족 조사의 목적

㉠ 전체적 경향의 파악

㉡ 고객에 대한 개별대응 및 고객과의 관계유지 파악

㉢ 평가목적

㉣ 개선목적

25 ③

팀워크 강화 노력이 필요한 때임을 나타내는 징후들

㉠ 생산성의 하락

㉡ 불평불만의 증가

㉢ 팀원들 간의 적대감이나 갈등

㉣ 할당된 임무와 관계에 대한 혼동

㉤ 결정에 대한 오해나 결정 불이행

㉥ 냉담과 전반적인 관심 부족

㉦ 제안과 혁신 또는 효율적인 문제해결의 부재

㉧ 비효율적인 회의

㉨ 리더에 대한 높은 의존도

제5회 코레일네트웍스 필기시험 정답 및 해설

1	③	2	④	3	②	4	②	5	②
6	③	7	②	8	③	9	①	10	②
11	④	12	④	13	②	14	①	15	②
16	④	17	②	18	③	19	②	20	③
21	②	22	④	23	④	24	④	25	③

1 ③

① 외부 전시장 사전 답사일인 7월 7일은 월요일이다.

② 丙 사원은 개인 주간 스케줄인 '홈페이지 전시 일정 업데이트' 외에 7월 2일부터 7월 3일까지 '브로슈어 표지 이미지 샘플조사'를 하기로 결정되었다.

④ 2025년 하반기 전시는 관내 전시장과 외부 전시장에서 열릴 예정이다.

2 ④

① 잦은 업체 변경은 오히려 신뢰관계를 무너뜨릴 수 있으니 장기거래와 신규거래의 이점을 비교 분석해서 유리하게 활용하는 것이 필요하다.

② 단순한 주위의 추천보다는 서비스와 가격, 품질을 적절히 비교해서 업체를 선정해야 한다.

③ 한 번 선정된 업체라 하더라도 지속적으로 교차점검을 하여 거래의 유리한 조건으로 활용해야 한다.

3 ②

도농교류사업 추진 건수에 따라 예산을 배정할 경우, 소규모의 일회성 사업이 난립하게 된다. 또한 지속적이고 안정적인 예산 확보도 어렵다.

① 본론Ⅰ-2-1) 도시민들의 농촌에 대한 부정적 인식을 개선하기 위한 과제로 적절하다.

③ 본론Ⅰ-1-1) 소규모의 일회성 사업 난립에 대한 개선책으로 적절하다.

④ 본론Ⅰ-1-3) ㅁㅁ기관 내 일원화된 추진체계 미흡을 해결하기 위한 과제로 적절하다.

4 ②

㈎, ㈐, ㈑는 통계 조사 등의 결과를 과대 해석하여 보도하였다는 공통적인 문제가 있다. 반면 ㈏의 경우는 같은 기간 훨씬 더 많이 발생한 산업재해 사망사건에 대해서는 거의 보도하지 않으면서, 상대적으로 적은 항공 사고에 대해서는 많은 보도를 발표하였다는 점에서 문제를 제기할 수 있다.

5 ②

㉠은 '자세히 따지거나 헤아려 보다'의 의미로 쓰였다. 따라서 바꾸어 쓸 수 있는 단어를 탐구한 내용으로는 ②가 가장 적절하다.

6 ③

제시된 설문조사에는 광고 매체 선정에 참고할 만한 조사 내용이 포함되어 있지 않다. 따라서 ③은 이 설문조사의 목적으로 적합하지 않다.

7 ②

① 재원의 확보계획은 기본계획에 포함되어야 한다.
③ 환경부장관은 국가 폐기물을 적정하게 관리하기 위하여 10년마다 종합계획을 수립하여야 한다.
④ 시장 · 군수 · 구청장은 10년마다 관할 구역의 기본계획을 세워 도지사에게 제출하여야 한다.

8 ③

③ 丙이 2번 자리에 앉을 경우, 丁은 햇빛 알레르기가 있어 1번 자리에 앉을 수 없으므로 3, 4, 5번 중 한 자리에 앉아야 하며, 丙과 성격이 서로 잘 맞지 않는 戊는 4, 5번 중 한 자리에 앉아야 한다. 이 경우 성격이 서로 잘 맞은 甲과 乙이 떨어지게 되므로 최상의 업무 효과를 낼 수 있는 배치가 되기 위해서는 丙은 2번 자리에 앉을 수 없다.
① 창문 – 戊 – 乙 – 甲 – 丙 – 丁 순으로 배치할 경우 甲은 3번 자리에 앉을 수 있다.
② 창문 – 戊 – 丁 – 丙 – 甲 – 乙 순으로 배치할 경우 乙은 5번 자리에 앉을 수 있다.
④ 丁이 3번 자리에 앉을 경우, 甲과 성격이 서로 잘 맞는 乙, 丙 중 한 명은 甲과 떨어지게 되므로 최상의 업무 효과를 낼 수 있는 배치가 되기 위해서는 丁은 3번 자리에 앉을 수 없다.

9 ①

① A는 직원 정원이 50명 이상이고 자체수입액이 총수입액의 2분의 1 이상이며, 자산규모가 2조 원 이상이고 총 수입액 중 자체수입액이 100분의 85 이상이므로 시장형 공기업에 해당한다.
② B는 직원 정원이 50명 미만이므로 기타공공기관에 해당한다.
③④ C, D는 자체수입액이 총수입액의 2분의 1 미만이므로 준정부기관에 해당한다.

10 ②

제11조 제2항에 따르면 사용자가 제1항 단서의 사유가 없거나 소멸되었음에도 불구하고 2년을 초과하여 기간제 근로자로 사용하는 경우에는 그 기간제 근로자는 기간의 정함이 없는 근로계약을 체결한 근로자로 본다. 따라서 ②의 경우 기간제 근로자로 볼 수 없다.
① 2년을 초과하지 않는 범위이므로 기간제 근로자로 볼 수 있다.
③ 제11조 제1항 제3호에 따른 기간제 근로자로 볼 수 있다.
④ 제11조 제1항 제1호에 따른 기간제 근로자로 볼 수 있다.

11 ④

'거래처별 제품목록'이라는 제목은 '거래처명'에 대한 그룹 머리글 영역이 아니라 페이지 머리글이다.

12 ④

직무편람은 부서별 또는 개인별로 그 소관업무에 대한 업무 계획 관련 업무 현황 기타 참고자료 등을 체계적으로 정리하여 활용하는 업무 현황 철 또는 업무 참고 철을 말한다.

13 ②

업무를 수행하는데 있어 정보를 산더미처럼 수집하였다고 하여 의미 있는 것이 아니다. 정보는 체계적인 분석 및 가공 절차가 필요하며, 이를 통해 불확실한 장래를 어느 정도 예측할 수 있어야 한다.

14 ①

① 합계점수가 높은 순으로 정렬 후 인쇄해야 하므로 텍스트 오름차순이 아닌 텍스트 내림차순으로 정렬해야 한다.

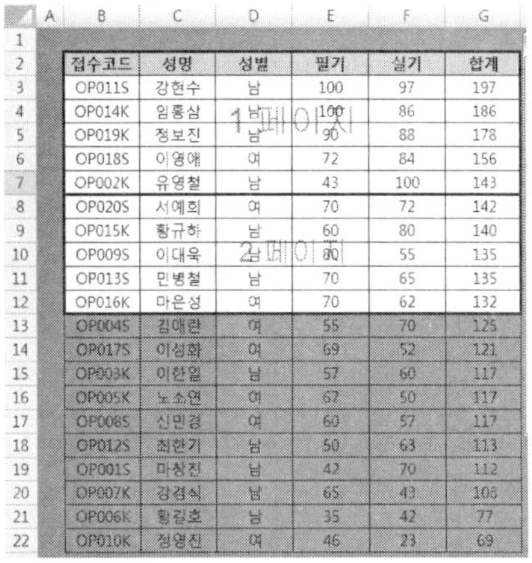

	접수코드	성명	성별	필기	실기	합계
3	OP011S	강현수	남	100	97	197
4	OP014K	임홍삼	남	100	86	186
5	OP019K	정보진	남	90	88	178
6	OP018S	이영애	여	72	84	156
7	OP002K	유영철	남	43	100	143
8	OP020S	서예희	여	70	72	142
9	OP015K	황규하	남	60	80	140
10	OP009S	이대욱	남	80	55	135
11	OP013S	민병철	남	70	65	135
12	OP016K	마은성	여	70	62	132
13	OP004S	김애란	여	55	70	125
14	OP017S	이성화	여	69	52	121
15	OP003K	이한일	남	57	60	117
16	OP005K	노소연	여	67	50	117
17	OP008S	신민경	여	60	57	117
18	OP012S	최한기	남	50	63	113
19	OP001S	마창진	남	42	70	112
20	OP007K	강경식	남	65	43	108
21	OP006K	황길호	남	35	42	77
22	OP010K	정영진	여	46	23	69

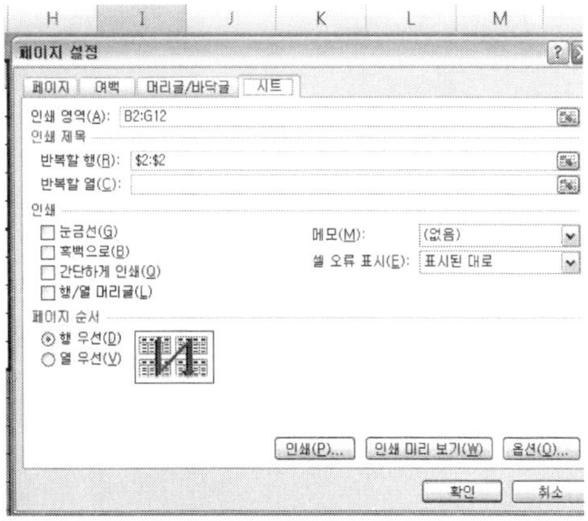

15 ②

스프레드시트는 계산프로그램으로 워드프로세서 기능 이외에도 수치나 공식을 입력하여 그 값을 계산하고 계산 결과를 표나 차트로 나타낼 수 있는 프로그램으로 대표적으로 Excel이 해당된다.

16 ④

갈등해결의 장애물을 극복하기 위한 팀원의 자세

㉠ 행동에 초점 맞추기

㉡ 상황을 기술하는 식으로 말하기

㉢ 간단명료하게 말하기

㉣ 개방적인 자세 갖기

㉤ 시간과 장소 고려하기

㉥ 낙관적으로 말하기

㉦ 지원하는 입장에서 말하기

17 ②

① 의사소통 차원의 협상 : 이해당사자들이 자신들의 욕구를 충족시키기 위해 상대로부터 최선의 것을 얻어내기 위해 상대를 설득하는 커뮤니케이션 과정이다.

③ 지식과 노력 차원의 협상 : 자신이 얻고자 하는 것을 가진 사람의 호의를 쟁취하기 위한 지식이며 노력이다.

④ 의사결정 차원의 협상 : 둘 이상의 이해당사자들이 여러 대안들 가운데 이해당사자들 모두가 수용가능한 대안을 찾기 위한 의사결정과정이다.

18 ③

유화전략은 결과보다는 상대와의 인간적인 관계 유지를 선호하는 경우로 상대와의 충돌을 피하고 자신의 이익보다는 상대방의 이익을 고려하는 경우 사용된다. 단기적으로는 손해를 보더라도 장기적인 관점에서 이익이 되는 경우 이 전략이 유용하다.

19 ②

Jeep류의 차종인 경우 (문이 2개)에는 운전석의 옆자리가 상석이 된다.

20 ③

중국에서는 축의금은 짝수, 부의금은 홀수로 낸다. 중국의 경우 짝수는 길하며 홀수는 흉하다고 생각하므로 홀수보다는 짝수를 중시하는데 이런 뜻까지 더해져서 중국인에게 선물을 할 시에는 짝수로 주는 것이 좋다.

21 ②

이과장은 상대방 측 대표들과 만나서 현재 상황과 이들이 원하는 주장이 무엇인지를 파악한 후 김실장에게 협상이 가능한 안건을 제시한 것이므로 실질이해 전 단계인 상호이해단계로 볼 수 있다.

※ 협상과정의 5단계

㉠ 협상시작 : 협상 당사자들 사이에 친근감을 쌓고, 간접적인 방법으로 협상 의사를 전달하며 상대방의 협상의지를 확인하고 협상 진행을 위한 체계를 결정하는 단계이다.

㉡ 상호이해 : 갈등 문제의 진행 상황과 현재의 상황을 점검하고 적극적으로 경청하며 자기주장을 제시한다. 협상을 위한 협상 안건을 결정하는 단계이다.

㉢ 실질이해 : 겉으로 주장하는 것과 실제로 원하는 것을 구분하여 실제 원하는 것을 찾아내고 분할과 통합기법을 활용하여 이해관계를 분석하는 단계이다.

㉣ 해결방안 : 협상 안건마다 대안들을 평가하고 개발한 대안들을 평가하며 최선의 대안에 대해 합의하고 선택한 후 선택한 대안 이행을 위한 실행 계획을 수립하는 단계이다.

㉤ 합의문서 : 합의문을 작성하고 합의문의 합의 내용 및 용어 등을 재점검한 후 합의문에 서명하는 단계이다.

22 ④

㉣ 제한된 정책과 절차는 조직 차원의 장애요인으로 들어가야 하는 부분이다.

23 ④

본인이 알고 있는 일은 처리하면 되는 것이고 모르는 것이 있다면 알고 있는 직원에게 물어본 후 처리하는 것이 가장 바람직하다. ④의 경우 다른 직원에게 확인한 후 일을 처리하는 것이므로 올바른 행동이다.

24 ④

업무 수행성과를 높이는 방법으로 일을 미루지 않기, 업무 묶어서 처리하기, 다른 사람과 다른 방식으로 일하기, 회사와 팀 업무 지침 따르기, 역할 모델 설정하기 등이 있다.

25 ③

구성원이 서로에 끌려서 집단에 계속해서 남아 있기를 원하는 정도는 팀응집력에 대한 내용이다.

팀워크는 팀 구성원간의 협동 동작 · 작업, 또는 그들의 연대. 팀의 구성원이 공동의 목표를 달성하기 위하여 각 역할에 따라 책임을 다하고 협력적으로 행동하는 것을 이르는 말이다.

SEOWONGAK
(주)서원각